F. John-Ferrer
Die Versprengten

F. John-Ferrer

Die Versprengten

Januar 1945 bei Warschau

Roman

rosenheimer

Erzählt nach dem Bericht eines Teilnehmers. Die militärischen Geschehnisse entsprechen den Tatsachen. Die Namen sind erfunden; eventuelle Ähnlichkeiten sind daher rein zufällig und unbeabsichtigt.

4., überarbeitete Auflage
© 2002 Rosenheimer Verlagshaus GmbH & Co. KG, Rosenheim

Titelbild: Scherl – Süddeutscher Verlag Bilderdienst
Layout und Satz: Buch-Werkstatt GmbH, Bad Aibling
Druck und Bindung: Ebner & Spiegel, Ulm
Printed in Germany

ISBN 3-475-53058-9

1

1945.

Über dem polnischen Land liegt die starre Melancholie eines sibirisch kalten Januartages. Die Luft steht still, die Kälte hängt wie eine unsichtbare Glocke über dem Raum. Wohl scheint die Sonne, doch sie ist ohne wärmende Kraft und wandert, einer abgegriffenen Silbermünze gleichend, im farblosen Dunst des Winterhimmels.

Auf der schneeglatten Straße von Warschau nach Rawa summt ein planenüberspannter Wehrmachtsdiesel. Die Schneeketten klirren gegen die vereisten Kotflügel und wirbeln Schneestaub auf, der das ganze Hinterteil des Fahrzeuges überpudert hat. Im Fahrerhaus sitzen drei in dicke Wintermäntel eingepackte Soldaten. Der Fahrer schielt manchmal zur Seite, wo die Kameraden sitzen und schlafen. Der eine schnarcht mit offenem Mund. Der andere hat den Kopf auf die Schulter des Kameraden gelegt.

Jetzt fährt der Lkw in eine Kurve und gerät leicht ins Rutschen.

„Verdammter Mist!", schimpft der Fahrer und weckt damit die beiden Mitfahrer auf.

„Was'n los?", fragte der eine.

„Glatt ist's! Miststraße, elende."

Jetzt ist auch der andere Soldaten wach geworden und gähnt; dann wischt er an der gefrorenen Türscheibe und murmelt:

„Schätze, dass es mindestens dreißig Grad unter Null sind."

Sie schweigen wieder.

Der Lkw summt eine Steigung hinan und rollt dann auf wieder ebener Strecke weiter.

„Los, 'ne Zigarette brauch ich", brummt der Fahrer.

Der ganz rechts sitzende Mitfahrer wühlt in den Manteltaschen nach den Zigaretten, gibt dem Nebenmann eine und brennt sich zwei Stück an. Eine davon für den Fahrer.

„Merci", grunzt der und steckt sich die Zigarette in den Mund.

Der enge Raum nebelt sich mit blauem Dunst ein.

„Wo kommst du her?", fragt der in der Mitte sitzende Soldat seinen rechten Nebenmann.

„Nowe Miasto. Ich habe dort an einem Lehrgang der Armee-Pionierschule teilgenommen."

Der Fahrer, mit der Zigarette im Mundwinkel, grinst:

„Wozu soll dat denn gut sein?", fragt er.

Das Gespräch kommt in Gang und verscheucht Fahrmüdigkeit und Langeweile.

Willi Röttger heißt der Obergefreite, der mit Wäschebeutel, Karabiner und blaugefrorener Nase auf der Straße stand und dem aus Warschau kommenden Wagen zuwinkte, um ein Stück mitgenommen zu werden. Nach Rawa.

Dort liegt das 662. SMG-Bataillon, dessen Offiziere zum größten Teil schon den Ersten Weltkrieg mitgemacht haben. Willi gehört zum Pionierzug der fünften Kompanie. Seit einigen Monaten baut man Bunker und Panzergräben, die das Städtchen Rawa in weitem Halbkreis nach Osten hin abschirmen und der sowjetischen Dampfwalze ein energisches Halt entgegensetzen sollen.

Willi Röttger, 23 Jahre alt, von Beruf Schlosser, aus dem Sauerland stammend, gehört zu jener Sorte Soldaten, die sich auf fast allen Kriegsschauplätzen herumgetrieben haben und das Rückgrat der Armee bilden. Er gilt als stur und hat sich während seiner fünfjährigen Dienstzeit mit der sprichwörtlichen Ruhe seiner Heimat gewappnet, mit der er militärischen Schikanen und Unsinnigkeiten zu widerstehen vermag. Seine Meinung über den Krieg ist grundsätzlich negativ, aber er hütet sich, sie laut werden zu lassen.

Der dreiwöchige Lehrgang auf der Armee-Pionierschule in Nowe Miasto hat ihn mit neuen Infanteriewaffen bekannt gemacht, wobei es passierte, dass er auch zwei Mal strafexerzieren musste, weil er einem Ausbilder „pampig" gekommen war.

Jetzt befindet sich Obergefreiter Röttger auf dem Weg zum Bataillon und freut sich auf das Wiedersehen mit Emmerich Sailer, dem alten Weg- und Streitgenossen.

„Was macht ihr denn in Rawa?", fragt er die beiden Lkw-Fahrer.

„Marketenderwaren bringen wir euch", sagt der Nebenmann.

„Na prima!", freut sich Willi. „Was gibt's diesmal?"

„Den gleichen Kram wie immer", erwidert der Mitfahrer. „Haarwasser, Zahnpasta, Schreibsteihr-Papier." Er feixt.

„Für so was haben wir in Rawa keine Verwendung", lacht Willi.

Der Fahrer beugt sich vor und fragt grinsend:

„Wieso nich? Gibt's keene Weiber bei euch?"

„Schon", sagt Willi, „aber die pfeifen uns was, die sind stur."

Jetzt sind die drei Soldaten beim unerschöpflichen Thema angelangt. Willi hört nur halb zu; er denkt an Emmes, den Freund. Seit einem Jahr sind sie zusammen und unzertrennlich geworden. Mit ein bisschen Glück und Drängelei konnte man bisher beisammenbleiben.

Ein Dorf taucht auf.

Mit klirrenden Schneeketten fährt der Lkw hindurch, und dann kommen Wehrmachtsfahrzeuge entgegen, weichen vorsichtig aus und fahren in Richtung Warschau weiter. Auch ein paar Panjeschlitten zockeln neben der Straße her im Schnee. Die kleinen, zottigen Pferde atmen Dunstfahnen aus den Nüstern, und auf den Schlitten hocken dick vermummt Zivilisten.

„Noch acht Kilometer bis Rawa", sagt Willi. „Ich bin wirklich froh, dass ihr mich mitgenommen habt, Kumpels."

„Ist doch ’n klarer Fall", sagt der Fahrer. Dann fragt er wie beiläufig: „Wird Rawa auch zur Verteidigung ausgebaut?"

„Feste, mein Lieber", sagt Willi. „Bevor ich zum Lehrgang abkommandiert worden bin, haben wir ’ne Menge Bunker gebaut."

„Wie überall", bemerkt jetzt der Mitfahrer. „Sogar in Warschau wird gebuddelt."

„Wo du hinspuckst, Militär", lässt sich der Fahrer vernehmen. „Manchmal sind sogar die Straßen verstopft. Es sieht wirklich aus, als käme bald ’s dicke Ende von dem Mist. Es heißt ja, der Iwan greife bald an … Na, dann gute Nacht, Marie. Haste noch ’n Stäbchen für mich, Kumpel?"

Willi brennt dem Fahrer eine neue Zigarette an.

„Bei Baranow steht der Iwan", sagt Willi, als er die Zigarette hinüberreicht, „Pulawy und Magaszewa sollen schon wieder von den Unsern geräumt worden sein."

„Das stimmt", nickt der Fahrer. „Vor vier Tagen sollten wir Verpflegung nach Pulawy fahren. Wir sind gar nicht bis dorthin gekommen. Der Iwan war schon da. Mann, was wir auf der Rückfahrt erlebten, vergess’ ich mein Lebtag nicht. Nur so gerannt sind die Unsern … eine Affenschande!"

„Dabei hat man doch Jahre lang Bunker gebaut und alles befestigt", sagt der Mitfahrer ärgerlich, „und trotzdem geht’s zurück, nirgendwo wird mehr gehalten. Es ist zum Kotzen. Wenn das so weitergeht, haben wir den Iwan bald vor unserer Haustür."

„Das kommt noch so weit", murmelt der Fahrer und gibt mehr Gas, da die Straße ansteigt.

Die drei schweigen. Ihre Gesichter drücken Besorgnis aus. Jeder weiß, dass die Rückzüge in Russland an der ganzen Front stattfinden; man sieht es ja: Die Straßen sind von zurückflutenden Fahrzeugen verstopft, in den Dörfern östlich von Warschau wimmelt es von Militär, und selbst der größte Optimist hat aufgehört, an den versprochenen Sieg zu glauben.

Eine Straßenkreuzung kommt näher. Die Wegschilder stehen schief im Schnee.

„So, Kumpels", sagt Willi und deutet mit dem Kinn nach vorn. „Das dort ist Rawa. Nimm langsam 's Gas weg, Onkel."

„Wie spät hab'n wir's denn?", fragt der Fahrer.

Der Mitfahrer schiebt den Mantelärmel hoch und schaut auf die Uhr.

„Halber viere, Jupp."

„Da wird's wieder Nacht, bevor wir …" Er bricht ab und beugt sich vor, schaut durch die leicht vereiste Windschutzscheibe und bremst plötzlich so jäh, dass der Wagen ins Rutschen kommt und sich quer zu stellen droht.

„Mensch, biste jeck!", ruft der Mitfahrer.

„Raus!", brüllt der Fahrer. „Flieger!"

Der Lkw neigt sich nach rechts und bleibt schief im schneeverwehten Straßengraben hängen. Willi reißt die Tür auf und lässt sich hinausfallen. Zugleich hört er das Dröhnen näher kommender Flugzeuge. Es schwillt an, es füllt den Raum.

Aus südöstlicher Richtung fliegen sie an. Russenbomber. Hundert, zweihundert oder noch mehr. Auf Rawa zu, das nur noch zwei Kilometer weit vom schief im Straßengraben hängenden Lkw liegt. In dem Dröhnen ihrer Motoren hört man die um Rawa stehende Flak schießen.

Willi liegt in der Schneewehe und spürt die bissige Kälte nicht. Mit weit aufgerissenen Augen starrt er dem Pulk entgegen, zwischen dem kleine, schwärzliche Sprengwolken wachsen.

Dann ertönt ein Rauschen und gleich darauf ein ohrenbetäubendes Krachen.

Der erste Bombenteppich rast über Rawa hinweg. Qualm kocht empor und baut sich zu einer dunklen Wand auf, in der unzählige grelle Blitze zucken. Der Luftdruck presst Willi in den Schnee.

Dort vorne muss die Hölle los sein. Die Rauchwand wächst noch immer. Bombenteppich auf Bombenteppich rauscht nieder. Die Einschläge tanzen jetzt in rasendem Rhythmus auf dem freien Feld und hinterlassen dunkle Flecke, über denen die Sprengwolken wie Pilze stehen.

Endlich verstummt das Bersten und geht in ein hohles Dröhnen über. Die Bomber fliegen ab. Das Geräusch verliert sich in nordwestlicher Richtung.

Willi Röttger bleibt noch eine Weile liegen. Emmes, denkt er, hoffentlich bist du nicht in der Stadt gewesen ... Das muss ja entsetzlich gewesen sein ... grauenhaft ...

Hinter Willi erhebt sich der Mitfahrer und sucht

seine Mütze. Er ist blass und klopft sich den pulverigen Schnee vom Mantel.

„Mensch", sagt er heiser, „was haben wir für einen Massel gehabt, dass wir noch nicht drin waren."

Jetzt taucht der Fahrer auf; er lag auf der anderen Straßenseite und bleibt kopfschüttelnd stehen, starrt in Richtung Rawa, wo der Rauch brodelt und kocht und langsam abzieht.

„He, Jupp!", ruft der Mitfahrer. „Jetzt sind wir dran mit dem Bedanken ... unser Kumpel da ... nee sowas ... Mensch, wie heißte eigentlich?"

Willi murmelt seinen Namen; er ist noch ganz benommen von dem Schreck.

„Du bist unser Glücksschweinchen jewese", sagt der Fahrer und schlägt Willi auf die Schulter. „Um Minuten ist es jegang'n, Mann ... um Minuten!"

Pulvergestank und Brandgeruch wehen heran. Auf der Straße kommen ein paar Fahrzeuge und stauen sich hinter dem schief im Straßengraben hängenden Lkw. Rufe werden laut. Stimmen wirbeln durcheinander.

Willi hat seinen Wäschebeutel und den Karabiner aus dem Lkw geholt, verabschiedet sich von den beiden Fahrern und geht rasch davon – auf Rawa zu, in dem ihn ein heilloses Durcheinander und Schlimmes erwarten wird.

Rawa mit seinen ungefähr fünftausend Einwohnern gilt als strategisch wichtiger Punkt, weil fünf Straßen sich in der kleinen Stadt kreuzen. Sie liegt siebzig Kilometer südlich von Warschau und fünfundsiebzig Kilometer östlich von Litzmannstadt. Pioniere und Angehörige des 662. SMG-Bataillons haben in monatelanger Arbeit einen starken Befestigungsgürtel um den Ort und entlang den von Süden nach Norden verlaufenden Hügeln gezogen, wobei man mehr oder weniger rigoros auf die Mithilfe der polnischen Bevölkerung zurückgegriffen hat.

Mit dem Bombenangriff auf Rawa scheint die lang erwartete Offensive der Sowjets ins Rollen gekommen zu sein. Sie haben Brückenköpfe bei Baranow, Pulawy und Magnuszew gebildet und, wie man allgemein weiß, starke Kräfte herangezogen.

Willi Röttger hat die brennende Stadt schnell erreicht. Sie hüllt sich in Rauch. Ganze Straßenzüge stehen in Flammen. Auf dem Marktplatz brennen abgestellte Wehrmachtsfahrzeuge bis aufs Gerippe aus. Menschen laufen in kopfloser Angst herum. Geschrei und das unheimliche Prasseln des Brandes bilden eine unwirkliche Geräuschkulisse. Soldaten und Zivilisten rennen durcheinander. Was an Fahrzeugen noch intakt geblieben ist, startet, um in rücksichtsloser Eile aus der Stadt zu kommen.

Ein Offizier versucht, Ordnung in das Durcheinander zu bringen, aber niemand hört auf ihn, und schließlich verschwindet er.

Willi schwitzt vor Aufregung und Angst. Über Rawa fliegen jetzt sowjetische Schlachtflieger. Das schmetternde Krachen ihrer Bomben mischt sich in das Dröhnen der erneut schießenden Flak. Da prallt Willi auf eine Frau, die aus einem brennenden Haus stürzt.

„Pan … pan …", kreischt sie und ringt verzweifelt die Hände, „meine Kind … meine kleine Kind …"

Noch ehe Willi begreift, ertönt ein mahlendes Schieben. Er packt die Frau am Handgelenk und zieht sie fort; sie stürzt, sie schreit schrill, sie reißt sich los, und Willi rennt allein weiter.

Hinter ihm kracht das Haus zusammen und schleudert brennende Dachbalken durch die Luft.

Es ist eine Hölle, durch die Willi rennt. Es gilt, das bisschen Leben in Sicherheit zu bringen und aus diesem Irrsinn herauszukommen.

Der Obergefreite kommt durch. Jetzt hat er den Stadtrand erreicht, an dem entlang ein tiefer Bach fließt. Auf der anderen Seite liegt der neue Panzergraben. Dort drinnen hocken Soldaten und pressen sich an die Betonwände.

Willi muss verschnaufen. Er lehnt sich außer Atem an die Grabenwand und wischt sich über das schwitzende Gesicht.

„Wo … wo liegt die fünfte Kompanie, Kumpel?", fragt er einen Soldaten, der sich mit zitternden und frostklammen Händen eine Zigarette zu drehen versucht.

„Kann ich dir nicht sagen – irgendwo drüben bei den Bunkern."

Willi nimmt sein Gewehr und steigt aus dem Panzergraben.

„Mann – pass auf!", schreit ihm jemand nach. „Tiefflieger!"

Sie sind schon da. In geringer Höhe rasen sie

über das von Bomben zerfressene Gelände. Die Bordwaffen rattern.

Willi hat sich hingeworfen und hält den Atem an. Er spürt den Fahrtwind des Schlachtfliegers, er hört das Prasseln der Geschosse.

Auf! Weiter!

Willi stolpert und rennt auf einen der Hügel zu, auf den eine Trampelspur hinaufführt. Höhe 114. Dort muss der Gefechtsstand der fünften liegen.

Die Schlachtflieger sind verschwunden. Irgendwo hinter dem rauchenden Rawa rummeln sie herum: Die Flak in ihren Schneeburgen stellt das Feuer ein. So etwas wie Ruhe breitet sich über den Raum.

Noch während Willi den Schneepfad hinaufstolpert, hört er in östlicher Richtung Kanonendonner.

Der Eingang des großen, mit Schnee getarnten Bunkers liegt auf der Westseite des Hügels. Eine mit Asche bestreute Treppe führt hinab.

Willi atmet erst ein paar Mal durch. Schwein gehabt, denkt er und schaut den Weg zurück, den er gekommen ist.

Das monotone Weiß der Landschaft zwischen Bunker und Stadtrand ist mit vielen runden Flecken beschmutzt: frische Bombentrichter. Über Rawa schwebt eine mächtige Rauchwolke und schiebt langsam gegen Norden ab.

Da kommt jemand die Bunkertreppe herauf.

Willi sieht zunächst nur einen weiß gestrichenen Stahlhelm und breite Schultern.

„Hallo – ja, das ist ja der Röttger!"

„Jawohl, Herr Unteroffizier – vom Lehrgang zurück. Bin grad noch so durchgekommen."

Willi und der Unteroffizier Kurt Lehmann, Gruppenführer im Pionierzug, begrüßen sich herzlich. Lehmann ist einer der wenigen Aktiven der Kompanie und hat das Deutsche Kreuz in Gold und etliche Auszeichnungen mehr am Rock.

„Röttger, Sie Pechvogel, was haben Sie sich bloß für 'nen miserablen Anreisetag ausgesucht! Warum sind Sie nicht noch ein paar Tage in Nowe Miasto geblieben?"

„Nee – danke, Herr Unteroffizier –, mir hat's gereicht. Da ist mir unser Gammelverein schon lieber."

„Der Iwan ist zum Angriff angetreten."

„Wo?"

„Überall. In Baranow geht's rund. Nicht mehr lange, dann werden auch wir was zu tun kriegen."

In der Ferne rumpelt starker Kanonendonner. Bei Baranow muss es sein. Rechts des Bunkers geht Infanterie vor.

„Ob wir wieder 'nen Rückzieher machen werden?", fragt Willi misstrauisch.

Lehmann zuckt die breiten Schultern. „Wenn wir noch die alte Garnitur wären, Röttger … aber Sie wissen ja, was hier alles rumgurkt in der Gegend. Lauter ältere Herren, von den jungen Dachsen und den halben Krüppeln erst gar nicht zu reden, mit denen wir den Krieg gewinnen sollen. Es ist ein Jammer."

„Ist beim Pionierzug noch alles da?", fragt Willi.

16

„Ja – noch alles da. Auch Ihr Freund Sailer. Der wird sich freuen, wenn er hört, dass Sie wieder da sind. Ich gehe jetzt zu unserem Bunker rüber, Röttger. ,Haus Sonnenblick' wohnen wir." Lehmann grinst.

„Wie sinnig", grinst auch Willi und lehnt das Gewehr an die Schneemauer.

„Los", sagt Lehmann, „melden Sie sich jetzt beim Alten zurück, und warten Sie dann hier, bis der Sailer kommt. Ich schick ihn her. Wir liegen 'n Ende von hier weg … auf dem zweiten Hügel links drüben."

„Dammich", murmelt Willi, sich umschauend. „Nu ist doch mein Wäschebeutel weg – so ein Mist … so ein verfluchter Mist."

„Sie Heini! Wie kann Ihnen so was passieren!", schimpft Lehmann.

„Hab ihn bei der Rennerei verloren", murmelt Willi. „In der Stadt irgendwo … oder schon vorher. Nein, so ein Mist! Ich könnte mir vor Wut in den Hintern beißen!"

„War was Wichtiges im Wäschebeutel?", fragt Lehmann.

„Na klar", grient Willi. „Schnaps und Zigaretten. Aufgespartes."

„Sie gehören mit Katzendreck erschossen, Röttger", stellt Lehmann fest und schüttelt den Kopf. „Wie kann man Schnaps und Zigaretten … nee so was, nee so was …"

Lehmann schiebt ab und verschwindet auf dem Trampelpfad. Willi würgt den Ärger hinunter und ordnet Mantel und Koppelsitz; dann stolpert er die Bunkertreppe hinab.

Eine Tür ist nicht vorhanden. Eine steif gefrorene Zeltbahn verdeckt den Eingang. Dahinter hört man hohl klingende Stimmen. Ein Fernsprech-Apparat klingelt.

Der Obergefreite Willi Röttger betritt den Gefechtsstand der fünften Kompanie.

Der Raum ist niedrig und riecht nach frischem Mörtel und Tabakrauch. Von der Decke herab baumelt eine Karbidlampe. Ein Tisch steht in der Mitte, auf dem eine Landkarte liegt. Vor den beiden breiten Schießscharten stehen niedrige Plattformen aus Brettern, auf denen je ein MG 42 postiert ist. Daneben liegt ein Haufen gegurtete Munition.

„Obergefreiter Röttger meldet sich vom Sonderlehrgang aus Nowe Miasto zurück!" Willi steht so ähnlich wie stramm und blinzelt in das grelle Licht.

„Aaah – der Röttger ist wieder da!", ertönt eine sanfte Männerstimme, und Oberleutnant Drechsler kommt um den Kartentisch herum: ein gepflegt aussehender älterer Herr im fußlangen Mantel, gelbem Wollschal, Hornbrille und mit rosigem Gesicht. Die fünfte Kompanie führt er seit Oktober vorigen Jahres. Von Kriegsführung hat er wenig Ahnung, da er erst vor acht Monaten vom Ladentisch seines in Mühlhausen befindlichen Textilgeschäftes weg zur Wehrdienstleistung einberufen wurde.

Oberleutnant Drechsler ist schon Großvater, ein

gütiger. Mit derselben Güte behandelt er auch seine Kompanie. Man nennt ihn – wenn er es nicht hört – deswegen auch Opa. Das EK eins an seiner Brust stammt aus dem Ersten Weltkrieg.

„Na, wie war's, Röttger?", fragt Drechsler den Obergefreiten und reicht ihm freundlich die Hand.

Willi bekommt einen laschen Händedruck zu spüren und sagt: „Prima, Herr Oberleutnant."

Auch der Leutnant kommt heran: ein blutjunges Kerlchen, blass und schmal wie ein Handtuch.

„Sie kommen zur rechten Zeit, Röttger!" Es klingt fröhlich. „Nun ist es bald so weit, und Sie müssen sich in die Heldenbrust werfen."

Wie albern! Ob es auch dieser Junge tun wird?

„Viel Neues hinzugelernt, mein Sohn?", erkundigt sich der gemütliche Herr in Uniform.

„Jede Menge, Herr Oberleutnant. Leider muss ich Ihnen aber den Verlust meines Wäschebeutels melden."

„Das ist nicht so wichtig, Röttger. Hauptsache, Sie sind wieder da."

Da ertönt aus dem Hintergrund des Bunkerraumes ein Bierbass. „Ja mei, der Röttger Willi is aa wieder da vom Lehrgang in Nowe Miasto."

Der Bierbass gehört Unteroffizier Emil Huber, der als Hauptfeldwebel Dienst tut und am Rockärmel die Kolbenringe trägt. Huber ist von Beruf Pferdemetzger, wiegt über zwei Zentner, hat ein wohl genährtes Gesicht und trägt einen grauen Schnauzer unter der Kartoffelnase. Er ist Münchner, und ihm gehen Weißwurst und Bier genauso ab wie seine geliebte Vaterstadt. Lauter gemütliche Leute sind das, mit denen man bestens auskommen kann und die sich redliche Mühe geben, eine aus Magenkranken, Rheumatikern und sonstigen Genesenden bestehende Kompanie zu führen. Wie sie sich bewähren werden, wenn der Russe anrennt, ist für Willi ungewiss.

Er muss berichten, wie es in Nowe Miasto war. Dann spricht er von dem Bombenangriff und dem Chaos in Rawa.

Die Mienen werden ernst. Oberleutnant Drechsler nickt nur.

„Na, die Russen sollen bloß kommen“, sagt Leutnant von Zinnenberg, „denen werden wir schon einheizen.“

Das Telefon rasselt.

Drechsler nimmt den Hörer auf, meldet sich mit dem Decknamen der Kompanie, horcht und nickt ein paar Mal.

„Jawohl“, sagt er dann und klappt leicht die Hacken seiner dicken Filzstiefel zusammen, was einen dumpfen Ton erzeugt. „Ende.“

Der Hörer klappert auf den Apparat zurück.

Oberleutnant Drechsler reibt sich mit Daumen und Zeigefinger die Nase; dann sagt er mit dramatischer Schwere:

„Meine Herren, der Feind ist aus allen Brückenköpfen heraus zum Angriff angetreten.“

Schweigen.

Huber zwirbelt nervös an seinem Schnauzbart. Leutnant von Zinnenberg tritt an den Tisch und beugt sich über die Karte; dann legt er die gepflegte Hand darauf und sagt:

„Wir werden unsere Stellungen halten ... wir haben die Besten. Er soll nur kommen!"

O du lieber Augustin, denkt Willi und verlässt grüßend den Bunker.

Als er die schmale Treppe hinaufsteigt, taucht oben eine Gestalt auf und breitet die Arme aus.

„Willi! Alter Kumpel! Servus!"

„Mensch, Emmes – Hundling! Knallkopp!"

Die beiden Freunde umarmen sich.

Emmerich, von Willi „Emmes" genannt, ist ein hübscher Kerl. Seine schlanke Gestalt verschwindet in einem langen Mantel, und deshalb wirkt auch der Kopf etwas zu klein, zu schmal. Er hat leicht vorstehende Backenknochen und hellblaue, gescheite Augen, die meist kritisch die Geschehnisse beobachten und betrachten.

Emmerich Sailer stammt aus der Gegend von Klagenfurt. Dort hat seine Mutter ein kleines Häuschen und lebt von einer Pension, die ihr der durch einen Werksunfall ums Leben gekommene Mann hinterlassen hat. Davon hat Frau Sailer ihren Sohn in Wien Chemie studieren lassen. Er ist mit dem Studium nicht fertig geworden, weil er 1943 zum Militär einberufen wurde, ist aber fest entschlossen, es nach Kriegsende fortzusetzen.

Emmes ist Willi, was Bildung anbelangt, turmhoch überlegen, aber das stört die guten Beziehungen zueinander nicht im Geringsten. Sie haben sich vor einem Jahr in Teisendorf bei Klagenfurt in einem Ersatz-Bataillon kennen gelernt und sind seither immer beisammengeblieben.

„Erst 'ne Zigarette", sagt Emmes und hält Willi die zerdrückte Juno-Schachtel hin.

„Mensch, ich bin froh, dass ich wieder da bin", brummt Willi, als er von Emmes Feuer gereicht bekommt. „Und was ist hier los?"

„Hörst es ja, Spezl", lächelt Emmes. „Krieg hab'n ma schon die ganze Zeit."

„Das hab ich auch schon bemerkt", grinst Willi. „Ob beim Pionierzug noch alles beisammen ist, wollte ich wissen."

„Noch allweil alles da", sagt Emmes, und Willi lauscht entzückt dem steiermärkischen Dialekt, den er so lange entbehrt hat und der ihm jetzt ein Gefühl heimatlicher Geborgenheit verursacht.

„Der Sepp Lechner ist noch immer unser Zugführer", setzt Emmes lächelnd fort, „und der Lehmann, der Müller … der ganze Haufen is noch beisammen. Mit dir san wir jetzt wieder komplett, Willi. Übrigens – der Lehmann hat mir gesagt, dass du deinen Wäschebeutel verloren hast, du Depp, du damischer! Wie kann man Schnaps und Zigaretten verlieren?"

„Das hat der Lehmann mich auch schon gefragt. Aber es ist nicht mehr zu ändern, Emmes."

„Macht nix, Spezl. Die Wiedersehensfeier wird trotzdem abgehalten. Meine Mutter hat mir vor ein paar Tagen ein zünftiges Packerl g'schickt, und da war, unter anderm, auch ein Flascherl Sliwowitz drin."

Willi drischt dem Freund auf die Schulter. „Mensch, da ist ja alles dran!"

Emmes wird ernst. „Bist grad in den Schlamassel reingekommen, gell?"

„Nicht ganz. Kurz vor Rawa haben wir bemerkt, was los ist. Ich bin mit einem Lkw gekommen. Zwei oder drei Kilometer vor Rawa haben wir den Bombenangriff miterlebt. Scheußlich, sag ich dir. In der Stadt schaut es schlimm aus … ich möchte jetzt nicht mehr dran denken, Emmes. Reden wir lieber von was anderm."

„Unkraut vergeht nicht", sagt Emmes, und dann gehen sie langsam davon, zwei unterschiedliche Gestalten, aber doch ein Herz und eine Seele.

Der Kanonendonner östlich Rawa nimmt an Stärke zu und scheint näher zu kommen.

2

Die Front ist in Bewegung geraten. Auf den Straßen und Nebenwegen fluten ununterbrochen deutsche Kampfgruppen zurück. Es heißt, der Russe sei nicht mehr aufzuhalten und rücke mit Panzern und motorisierten Schützenbrigaden heran.

Die Rauchwolke über Rawa ist abgezogen. Eine Nacht lang herrscht bedrückende Ruhe. Die polnische Bevölkerung, die unter der Kriegsfurie am meisten leidet, hat aus den Häusern noch gerettet, was zu retten war. Obdachlos gewordene Familien fliehen auf Panjeschlitten oder mit einem Handkarren zu Bekannten oder Freunden irgendwo westlich der gemarterten Stadt, andere ziehen es vor, daheim zu bleiben und den Russen zu erwarten.

Der zeigt sich seit dem Bombenangriff immer häufiger. Kaum dass die Rauchwolke über Rawa verschwunden ist, tauchen die gefürchteten IL 2-Schlachtflieger auf und jagen im Tiefflug heran, alles unter Beschuss nehmend, was sich im freien Feld, in der Stadt, auf den Straßen zeigt.

Der Kanonendonner rückt immer näher. Auf den Straßen herrschen wirre Zustände. Kopfloses Durcheinander, wohin man schaut. Es scheint, als ob es keine Führung mehr gäbe, und jeder tut das, was ihm das Richtige zu sein dünkt. Niemand ist da, der die zurückgehenden Infanterie- und sonstigen Kampfeinheiten aufhält und neu ordnet.

Mit den zurückflutenden Soldaten kommen auch Nachrichten.

„Da ist kein Halten mehr", sagen sie. „Da gibt's nur eins: zurück, sonst wirste in die Pfanne gehauen. Alles ist hin."

Die sowjetischen Marschälle sind mit ihren Armeen in einem unaufhaltbaren Vormarsch. Sie haben die Offensive gut vorbereitet und mit einer nur sieben- bis achtstündigen Kanonade aller Kaliber den Feind aus seinen Stellungen vertrieben und zum unweigerlichen Rückzug gebracht.

Bunkerlinien, an denen Jahre lang gebaut wurde, werden im Handumdrehen genommen, Stellungen, die man für uneinnehmbar hielt, nach kurzem Trommelfeuer verlassen.

Millionen Zentner Baustoffe sind umsonst vertan worden und werden von den Sowjets bestaunt und freudig begrüßt. Der deutsche Widerstand scheint so gut wie endgültig gebrochen zu sein. Das Drama erfüllt sich. Stärkste Sowjetverbände, ausgerüstet mit den neuesten, von den USA gelieferten Waffen, ausgeruht und siegesgewiss, umschließen den Raum von Warschau und schlagen unbarmherzig jeden Widerstand nieder. Der Sowjetmarschall Schaposchnikow hat die große Zange gut durchdacht, mit der er die Deutschen fassen will.

Auf den Hügeln vor Rawa liegt das 662. SMG-Bataillon und erwartet die erste Feindberührung.

Pak ist in Stellung gegangen, frierend stehen die Soldaten in den knochenhart gefrorenen Gräben und beobachten das vor ihnen liegende Gelände.

Noch zeigt der Feind sich nicht, aber dass er näher und näher kommt, hört man aus dem Geschützlärm hinter den verschneiten Hügeln und Wäldern. Über die schmalen Wege keuchen Panjefahrzeuge, auf denen zurückgehende Infanteristen ihre Waffen und Munition gepackt haben. In Einzelgruppen tauchen die Fliehenden auf und verschmelzen auf den Straßen mit dem kunterbunten Wirrwarr einer auseinander fallenden Armee.

Der Pionierzug der 5. Kompanie liegt in zwei Bunkern auf dem Hügel.

Willi Röttger und Emmerich Sailer haben den Umtrunk mit den Kameraden abgehalten und harren der Ereignisse, die da kommen sollen.

„'s wird schon schief gehen, Willi", seufzt Emmes, als er mit dem Freund auf dem Hügel steht und durch das Glas den Rauch am östlichen Horizont beobachtet.

„Das wird auch nirgendwo mehr halten", brummt Willi. „Die ganze Bunkerbauerei ist Blödsinn gewesen."

Emmes lässt das Glas sinken und schaut den Freund an.

„Irgendwie ist der Wurm drin, Willi. Schon lange. In der obersten Führung stimmt's nimmer so wie früher. Wir schaun da noch net dahinter, aber wir werden's bald wissen."

„Du meinst also, dass der Krieg verloren ist?"

„Glaubst du noch an den Sieg, Willi? Sei ehrlich!" Willi schüttelt den Kopf so heftig, dass der Stahlhelm hin und her rutscht.

„Wir müssen jetzt nur sehen", sagt Emmes halblaut und wie zu sich selbst, „dass wir heil rauskommen. Mein Mutterl hat niemanden mehr als mich. Wenn ich ihr auch noch verloren geh, dann …" Er bricht ab.

„Wir haben bisher immer Glück gehabt, Emmes", sagt Willi leise, „wir werden es auch diesmal haben. Ich hab das so im Gefühl, weißt du."

Der Steiermärker schaut den Freund lächelnd an. „Gefühle, Willi – im Krieg nützen dir die Gefühle nix … Aufs Glück kommt's an, merk dir das."

„Sag mir, Emmes, wozu das alles noch gut sein soll?"

„Willst es wirklich hören, Willi?"

„Na?"

„Ganz drunt liegen müssen wir erst am Boden, Willi", sagt Emmes ruhig, wie es seine Art ist. „Das, was uns jetzt regiert, muss restlos ausgemerzt werden. Erst dann werden wir wieder hochkommen, erst dann wird Deutschland ein neues Gesicht bekommen."

„Vielleicht erleben wir's nicht mehr, Emmes."

„Kann sein, ja", murmelt der Steiermärker, „aber die anderen werden es erleben, Willi."

„Davon haben wir zwei nischt."

Emmes schaut den Freund lächelnd an. „Hast Angst, Willi?"

„Du nicht?"

Emmes zuckt die Achseln. „Ich will net hier verrecken, Willi, ich will woanders sterben – daheim oder in meinen Bergen. Bloß net hier! Dös Land ist mir zu unheimlich, zu fremd. Und deshalb werd ich, wenn's hart auf hart geht, genau aufpassen, was besser ist: Heldentod oder Weiterleben."

Willi schaut den anderen verwundert an. So hat Emmerich Sailer noch nie geredet. Er ist doch ein gescheiter Kerl, denkt Willi, er hat auch Recht. Keiner will hier sterben. Man muss sich dagegen wehren.

Die Nacht weht heran. Es ist nicht mehr so kalt wie am Vortag. In den Bunkern herrscht bedrückte Stimmung.

„Pionierzug – antreten!", heißt es mitten in der Nacht.

Fluchend rappeln die Soldaten sich aus den Decken, suchen ihre Klamotten zusammen und treten hinter dem Bunker an.

Der dunkle Himmel zuckt und blitzt im Widerschein der feindlichen Mündungsfeuer.

„Pionierzug – stillgestanden!", ertönt die scharfe Stimme Sepp Lechners.

„Danke", antwortet das hohe Organ des jungen Leutnants . „Lassen Sie rühren, Lechner."

Die Soldaten ahnen, dass es mit der Nachtruhe vorbei ist. Und da sagt auch schon Leutnant von Zinnenberg:

„Der ganze Zug rückt zum Bunkerbau aus. Melden Sie sich auf Höhe einhundertdreiundzwanzig,

Feldwebel Lechner. Dort müssen noch schnell zwei Bunker fertig gestellt werden. Ist das klar?"

Feldwebel Sepp Lechner stößt den Atem durch die Nase. Jetzt noch schnell zwei Bunker zu bauen, wo der Feind schon in Reichweite ist, mutet ein bisschen sinnlos an.

„Hat denn das noch einen Zweck, Herr Leutnant?"

„Ob Zweck oder nicht – das ist ein Befehl, Lechner", erwidert der junge Leutnant nervös. „Der Major wünscht, dass auf der Höhe einhundertdreiundzwanzig noch zwei Bunker gebaut werden. So schnell wie möglich. Damit wird die linke Flanke unserer Kompanie noch zusätzlich verstärkt."

„Herr Leutnant", sagt Lechner ruhig, „ich möchte darauf hinweisen, dass …"

„Ich brauche Ihre Meinung nicht", lautet die scharfe Erwiderung. „Rücken Sie jetzt ab."

„So 'n Blödsinn", murmelt Lechner.

„Was haben Sie gesagt?", schreit von Zinnenberg; seine Jungenstimme überschlägt sich vor Erregung. „Wiederholen Sie das noch einmal, Feldwebel Lechner."

„Blödsinn, hab ich gesagt."

„Sie sind wohl verrückt geworden, Lechner!"

„Es wäre kein Wunder, Herr Leutnant."

Die Soldaten feixen.

Da schreit Zinnenberg: „Ich werde Sie zur Meldung bringen! Ich werde einen Tatbericht gegen Sie einreichen!"

Lechner überhört die Drohung und wendet sich seinen Leuten zu: „Los, Jungs, holt die Klamotten her."

„Ich habe mit Ihnen gesprochen, Feldwebel Lechner!"

„Ja, ja, schon gut, Herr Leutnant. Tun Sie, was Sie nicht lassen können."

„Morgen früh melden Sie sich beim Chef zum Rapport", zischt Zinnenberg und geht davon.

„So 'n Spinner", sagt Willi ganz laut.

Zehn Minuten später trabt der Pionierzug querfeldein. Vornweg stampft der hünenhafte Lechner. Unteroffizier Lehmann holt ihn ein und sagt:

„Du, Sepp, wenn der Zinnenberg dir einen Tatbericht anhängt, dann werd ich sauer, dann …"

„Ach Quatsch", brummt der Feldwebel. „Mach dir keine Sorgen, Kurt. Wer weiß, was morgen ist."

„Ja, wer weiß", murmelt auch Lehmann.

Die im Gänsemarsch gehenden Gestalten verschwinden zwischen weißen Hügeln.

Der Himmel bewölkt sich, die Nacht ist finster und voller dumpfer Geräusche.

Trotz Dunkelheit und Frost werden halb links drüben auf dem lang gestreckten Hügelrücken in aller Eile noch zwei Erdbunker mit Decken und Stirnwänden aus Beton gebaut. Raupenfahrzeuge und organisierte Panjeschlitten haben das notwendige Baumaterial und Wasser in Fässern für die Betonmischung herangeschafft. Etwa ein Dutzend schweigsamer Polen arbeitet mit den Pionieren.

Es ist eine harte Arbeit, in der man keinen rechten Sinn mehr sehen kann. Aber Befehl ist Befehl. Irgendjemand beim Bataillonsstab hat die Bauarbeit befohlen, um die von Süden nach Norden verlaufenden Hügel noch stärker zu befestigen. Keiner drückt sich vor der Arbeit, denn es ist bitterkalt, und müßiges Herumstehen duldet der Frost nicht.

Die Zivilisten mischen Zement und Sand. Die Mischung muss sofort aufgeschüttet werden, da sie sonst zu Klumpen zusammenfriert.

Willi und Emmes arbeiten nebeneinander.

„Den Wievielten haben wir denn heute?", fragt Emmes.

Willi muss erst nachdenken.

„Den Dreizehnten", sagt er dann.

„Na pfüati", murmelt Emmes, „ausgerechnet der Dreizehnte."

„Abergläubisch?"

„Dahoam wär ich's net, aber hier schon." Emmes legt die Schaufel beiseite und steigt auf den Bunker. Von dort aus schaut er nach Osten.

Das Land ist weiß und verflacht sich vom Fuße des Hügels weg. Eine schmale Straße läuft rechts des Hügels vorbei; sie kommt weit drüben aus einem Wald, hinter dem die Mündungsfeuer sowjetischer Artillerie zucken. Die Einschläge liegen aber weit links – irgendwo auf einer anderen Straße und in der Nähe eines polnischen Dorfes.

„Na, Sailer", sagt jemand zu Emmes; es ist Lechners Stimme, „was gibt's? Sehen Sie was?"

31

„Nein, Herr Feldwebel – noch nichts. Ich schätze nur die Entfernung bis zur russischen Ari ab."

„An die zwanzig bis fünfundzwanzig Kilometer werden es sein", sagt Lechner.

„Dann ist der Iwan bald da. Morgen vielleicht schon."

„Da ist der Zement noch nicht einmal hart", murmelt Lechner. „Wir vertun nur noch Kraft und Geld. Und wofür, Sailer ... sage mir, wofür? Sie sind doch Student, Sie können denken, und Sie haben auch zwei Augen im Kopf."

„Auf meine Meinung kommt's net mehr an, Herr Feldwebel."

Lechner, elf Jahre Soldat, von Anfang an schon dabei, ist in Erregung geraten.

„Sailer", sagt er, „mir tut jeder Sack Zement Leid, den wir noch verbuttern. Und was ist nicht schon alles verbuttert worden in diesem Mistkrieg in Bunker und Befestigungen, Millionen und Millionen Säcke Zement von Kurland bis in die Karpaten! Und wo sind die Bunker heute? Hin sind sie. Der Russe hat sie. Weg für immer. Wir kriegen sie nie wieder zurück, Sailer – nie wieder! Und was hätten wir nicht alles von diesem Zement bauen können! Unsere zertepperten Städte daheim, unsere Häuser, die der Tommy und der Ami zu Klumpen gehauen haben! – Sehen Sie, Sailer, deshalb ist mir heute die Galle hochgekommen, als man uns zum Bunkerbau abkommandiert hat. Nicht der Zinnenberg mit seiner Eunuchenstimme hat mich aufgeregt, sondern der Befehl, Sailer – alle diese Befehle!"

„Sie haben Recht, Herr Feldwebel", erwidert Sailer, der die Erregung des verdienten Soldaten spürt und versteht. „Aber wir können's net mehr ändern – wir müssen mitmachen, bis alles auseinander bröselt."

Lechner hat Sailers Arm gepackt und drückt ihn heftig.

„Sailer, wissen Sie, was diese Hornviecher machen müssten? – Dort befestigen, wo wir am ersten September neununddreißig angefangen haben! Dort müssten wir allen Zement verbauen, den wir in Deutschland noch haben. Von Danzig runter bis Wien. Einen Ostwall! Das hätte noch einen Zweck, Sailer – aber hier? Hier ist der Bart ab. Das ist so sicher wie 's Amen im Vaterunser, Sailer."

„Und wie wird's weitergehen, Feldwebel?", fragt Emmes.

Lechner schweigt. Er atmet schwer. Dann sagt er:

„Wir werden es bald wissen, Sailer. Gehen Sie jetzt wieder an Ihre Arbeit."

Der Bunkerbau geht weiter. Als der Morgen aufsteigt, sind die beiden Hügelbefestigungen fast fertig. Die Soldaten und Zivilisten sehen übernächtigt und erschöpft aus. Lechner befiehlt gerade, Schnee über die ausgehobene Erde zu werfen, als weit drüben Fahrzeuge aus dem Wald kommen und eilig die Straße entlangrollen. Vier Lkw sind es mit aufgesessenen Soldaten.

Kaum dass sie vorbei sind, kommen drei Sturmgeschütze nach. Auch auf ihnen hängen Trauben von Soldaten, die schrecklich frieren müssen; aber sie ziehen das der Gefangenschaft vor.

Lechner ist rechts des Hügels hinabgesprungen und stellt sich winkend auf die Straße.

Die drei Sturmgeschütze halten. Lechner tritt an das erste heran und spricht mit den Soldaten. Dann brüllen die Motoren wieder, und die drei mit Schneestaub überpuderten Sturmgeschütze rollen weiter. Nach Rawa. Weiß Gott, wie es dort aussehen muss, denn die ganze Nacht hindurch sind zurückflutende Kampfverbände eingetroffen und versuchen, in westlicher Richtung weiterzukommen.

Lechner ist wieder auf dem Hügel bei den Bunkern. Die Leute schauen ihm fragend entgegen.

„Was ist vorn los?", fragt Lehmann.

„Nicht mehr zu halten", sagt Lechner. „Alles rennt zurück. Der Iwan stößt mit Panzern und starken Infanteriekräften nach."

„Na also", murmelt jemand, „da wär's ja wieder mal so weit: Vorwärts, Kameraden – wir müssen zurück!"

„Es wird weitergebaut, Leute!", ruft Lechner. „Los, an die Arbeit! Macht euch warm!"

Der Morgen ist diesig kalt. Die Sonne verbirgt sich hinter einer dichten Dunstwand. Auf der Straße tauchen immer wieder aufgelöste Kampfgruppen auf, die nach Rawa hasten.

Das Grollen der sowjetischen Artillerie ist merklich näher gerückt.

Gegen sieben Uhr morgens kriecht ein Raupenfahrzeug heran und bringt die Verpflegung für die Bunkerbauer: heißen Kaffee, Brot und Margarine.

Der Fahrer des kleinen Raupenfahrzeugs erzählt, dass es in Rawa drunter und drüber gehe. „Du kommst kaum mehr durch, alles verrammelt und verstopft."

Stehend nehmen die Pioniere und die polnischen Zivilisten ihr Frühstück ein. Ihre Hände halten den dampfenden Trinkbecher. Die Margarine ist gefroren und muss auf dem Brotkanten zum Munde balanciert werden.

Die polnischen Arbeiter schauen oft zum Wald hinüber und reden leise miteinander.

„Du", sagt Willi zu Emmes, „hoffentlich werden die drei Sturmgeschütze aufgehalten und bleiben bei uns. Dann hätten wir doch wenigstens was, wenn's los geht."

Noch ist man beim kargen Frühstück, als plötzlich über dem Wald dunkle, tief fliegende Punkte auftauchen und rasend schnell näher kommen.

Lechner, der wie ein Schäferhund auf seine Herde aufpasst, hat das Unheil sofort erkannt.

„Volle Deckung!", brüllt er seinen Leuten zu.

Ein Dutzend der gefürchteten IL 2-Bomber rast im Tiefflug heran. Zwei von ihnen halten direkt auf den Hügel zu.

Wie die Wiesel sind die Bunkerbauer verschwunden und suchen in den Bunkern Schutz. Dann kracht es auch schon.

Brandbomben sind es, mit denen die Rotarmisten angreifen. Im spitzen Flugwinkel sausen die

35

Bomben heran, schmettern nieder, entfachen brandrote, kochende Qualmwolken und prallen ab, sausen über die Hügelkuppe hinweg und verbrennen auf dem flachen Gelände.

Ohrenbetäubend, reißend ist das Brüllen dieser scheußlichen Bomben.

Die Soldaten liegen flach in den beiden frisch gebauten Bunkern. Sie hören das Dröhnen der abfliegenden Maschinen und das sich entfernende Krachen weiterer Einschläge.

„Na, prost Mahlzeit", lässt sich jemand vernehmen, „das war'n ganz schöne Dinger, wenn die uns uff 'n Kopp gefallen wären …"

Die lähmende Angst weicht. Die Gestalten im Halbdunkel erheben sich wieder.

„Herr Feldwebel", ertönt die heisere Stimme eines Berliners, „könn' ma nu wieder uff's Jässchen, oder soll'n ma lieba noch 'n Augenblick wart'n?"

„Ich schau mal nach", sagt Lechner und geht hinaus.

„Du", flüstert Emmes dem Willi zu, „der Lechner hat die Nase gestrichen voll."

„Wer hat das nicht", flüstert Willi zurück. „Was hat er denn gesagt?"

Emmes erzählt Willi von dem Gespräch mit Lechner, worauf Willi antwortet:

„Da siehst du's, Emmes – jetzt auch der Lechner. Das wundert mich eigentlich. Der war doch sonst immer auf Zack."

„So geht jedem von uns a Lichtl auf, Willi", murmelt Emmes.

„Dem einen früher, dem anderen später."

„Raus!", ertönt das Kommando vom Bunkereingang her. „Weitermachen, Kameraden!"

Über Rawa kreisen noch die russischen Schlachtflieger, als die Pioniere und polnischen Zivilisten zu ihrer Arbeit zurückkehren.

3

Seit einer Stunde liegt Rawa unter starkem Artilleriebeschuss des Feindes. Heulend fliegen die Granaten heran und schlagen zwischen den Bunkern und in der Stadt ein. Es ist ein systematisches Feuer, mit dem der Russe seinen Angriff vorbereitet.

Auf allen Straßen, die aus östlicher Richtung heranführen, hasten deutsche Panzer und Artillerie zurück, dazwischen Trossfahrzeuge, Panjeschlitten und Soldaten, denen Mut und Hoffnung genommen worden sind.

Im Gefechtsstand der 5. Kompanie herrscht bedrückte Stimmung. Man steht Gewehr bei Fuß: ein schwaches Bataillon, zusammengestellt aus Magenkranken und kaum Genesenen, aus jungen, unerfahrenen Männern und alten Herren, denen vor ihrer eigenen Courage bangt. Nur der Pionierzug, 38 Mann stark, stellt so etwas wie eine verlässliche Kampfgruppe dar.

Die beiden in der Nacht gebauten und noch nicht ganz fertigen Bunker auf der Höhe 123 sind – wie konnt's anders sein – befehlsgemäß im Stich gelassen worden. Oberleutnant Drechsler ist es lieber, wenn der Pionierzug in unmittelbarer Nähe verbleibt.

Der Zug verteilt sich auf zwei größere und zwei

kleinere Bunker, von denen aus man das Vorgelände weit übersehen und unter MG- und Pakbeschuss halten kann.

Vier Pakgeschütze sind zwischen den Bunkern in Schneeburgen in Stellung gegangen. Weiter hinten, am Stadtrand von Rawa, soll eine IG-Batterie in Stellung sein.

Oberleutnant Drechsler hat seine großväterliche Ruhe verloren. Er geht im Gefechtsbunker auf und ab. Sobald einer der Fernsprecher rasselt, zuckt er unmerklich zusammen.

Jetzt wieder.

„Das Bataillon", sagt der junge Nachrichtenmann mit dem flaumbärtigen Gesicht und reicht Drechsler den Hörer.

„Hier ‚Nordstern'", meldet er sich. „Drechsler am Apparat."

Der Adjutant ist an der Strippe.

„Feind geht mit starken Kräften in Richtung Rawa vor." Die Stimme klingt nervös. „Es ist damit zu rechnen, dass er in der nächsten Stunde auftaucht. Stellungen müssen in jedem Falle gehalten werden, Nordstern."

„Wir werden unser Bestes tun", murmelt Drechsler. „Kann ich auf Artillerie-Unterstützung rechnen?"

„Ja. Die VB sind bereits unterwegs. Weisen Sie sie bitte ein. Sonst noch eine Frage?"

„N … nein", sagt Drechsler.

„Gut. Geben Sie Alarm, Nordstern. Meldungen über den Feind sofort durchgeben. – Ende."

„Ende", murmelt Drechsler.

In diesem Augenblick hört man das wimmernde Heulen einer Granate. Dann erfolgt ein dumpfer Schlag.

Drechsler hat den Hörer auf den Apparat fallen lassen und sich schnell an die Bunkerwand gedrückt. Leutnant von Zinnenberg, der gerade dabei war, sich ein Paar neue Socken anzuziehen, liegt platt auf dem Betonboden.

Als die Detonation vorbei ist, bleibt es für Sekunden still, und aus dieser beklemmenden Stille heraus ertönt Drechslers bebende Stimme:

„Wir müssen mit dem Auftauchen des Feindes in der nächsten Stunde rechnen, meine Herren."

„Und was ist mit der Artillerieunterstützung, Herr Oberleutnant?", fragt der Leutnant.

„VB sind bereits zu uns unterwegs."

„Na wunderbar", murmelt von Zinnenberg und setzt sich wieder auf die Munitionskiste, um den zweiten Socken anzuziehen.

„Stellen Sie eine Verbindung mit Sonnblick her, Schmidt", sagt Drechsler zu dem jungen Nachrichtenmann.

Sepp Lechner und acht Mann seines Zuges befinden sich im Bunker Sonnblick. Drei schussbereite MG 42 stehen auf den MG-Tischen. Die Munition liegt griffbereit.

Im Augenblick schlafen die acht Mann. In die dünnen Decken gewickelt liegen sie am nackten Boden und ruhen von der Schinderei der vergangenen Nacht aus. Das Krachen der Einschläge stört sie nicht.

Sepp Lechner hockt, mit dem Rücken an die kalte Bunkerwand gelehnt, vor einem kleinen Benzinofen, der vergebens etwas Wärme auszuhauchen versucht.

Als das Telefon rasselt, fahren ein paar der Schläfer aus den Decken hoch.

„Was 'n los?", fragt jemand.

Lechner nimmt den Hörer vom Apparat und meldet sich. Der Chef spricht.

Sepp nickt ein paar Mal, murmelt zwischendurch „jawohl" und legt dann wieder auf.

„Alarm, Herr Feldwebel?", fragt einer der Pioniere.

„Ja, meine Herren. Raus aus den Decken, ran an die Spritzen. Der böse Feind naht!"

„Det Jeschäft is richtig", lässt sich der Berliner vernehmen. „Dann man auf, Sportfreunde! Jetzt müss'n ma unsern Wehrsold abarbeiten."

Ein paar Lacher werden laut, dann begibt sich jeder auf seinen Posten.

Im Bunker Berta ist ebenfalls alles an den Waffen. Unteroffizier Kurt Lehmann geht noch einmal hinaus und schaut nach, ob die Kameraden von der Pak gefechtsbereit sind.

Emmes und Willi haben den linken MG-Tisch besetzt. Durch die breite Schießscharte kann man das Gelände in einem begrenzten Ausschnitt übersehen.

Alfons Brandl, der MG-Schütze Nr. 2, klirrt mit

41

den MG-Gurten. Emmes probiert die Gleitfähigkeit des Schlosses und legt dann den ersten Munitionsgurt ein.

Am linken MG-Tisch wird ebenfalls an der Waffe herumgemurkst.

Schweigen herrscht.

Draußen wummern die Einschläge. Mal nah, mal weiter weg steigen die Explosionspilze auf und beschmutzen den Schnee mit hässlichen, dunklen Flecken.

„Wenn sie kommen, dann schicken sie erst Panzer vor", sagt Willi.

Die Worte zerreißen das Schweigen, klingen hohl wie in einer Gruft.

„Wir haben ja Pak da", antwortet Emmes und schaut probeweise über die Zieleinrichtung des Maschinengewehres, schwenkt es hin und her, setzt es wieder ab und wendet sich an Willi: „Rück' a Zigarettl raus, Spezi."

Willi sucht in den Manteltaschen nach der Packung und verteilt zwei Stäbchen. Emmes gibt das Feuer dazu.

Als Willi seine Zigarette anbrennt, sieht er, dass Emmes' Hand zittert.

„Bammel?", fragt er grinsend.

„Net direkt", murmelt Emmes, „nur ums Krawattl ist mir 'n bissl eng."

Auch Brandl raucht an und stößt den Rauch zischend durch die Zähne.

„Das wird 'n ganz schönen Rabatz geben", sagt er. „Bin neugierig, wann er losgeht."

42

„Wir können's erwarten", sagt Emmes.

Drüben, am zweiten MG-Tisch, unterhält man sich halblaut über Warschau.

„'s ist nimmer so kalt wie heut früh", sagt Emmes. Er redet nur, um etwas zu reden und sich von dem abzulenken, was man alle Augenblicke erwartet.

„Vielleicht kriegen wir wieder Schnee", sagt Willi und späht durch die Schießscharte.

Das Gelände ist leer. Die Sonne ist verschwunden, der Himmel ist grau. Weit drüben steht der verschneite Wald.

„Ja", murmelt Willi, „ich riech's direkt, dass es Schnee gibt."

„Das wär mies", sagt Emmes, „dann sehn wir nix, und der Russ' hat's leicht mit dem Rankommen."

„Der kommt auch so ran", sagt Brandl, an der Zigarette saugend. „Oder denkt ihr, dass wir ihn aufhalten und bis Moskau zurückjagen können?"

„Der Traum ist wohl aus", erwidert Emmes und geht in die Bunkerecke, kramt im Tornister und holt eine kleine, bauchige Flasche hervor.

„Mensch! Du hast noch was?", schmunzelt Willi. „Du bist ja wie eine Eichkatz, die hat auch immer was versteckt."

„Mein letztes Flascherl", sagt Emmes traurig und schraubt den kleinen Aluminiumbecher ab. „Danziger Goldwasser" – aus der Steiermark. „Trinken wir's aus, denn wer weiß, ob wir noch dazu kommen. – Prost, Muatterl!", murmelt er und trinkt einen kleinen Schluck.

Willi und Brandl bekommen auch einen Schluck ab.

„Mensch – nu guckt mal!", ruft einer vom 2. MG herüber, „die saufen Schnaps! – Los, her mit dem Zeug … her damit!"

Das kleine Fläschchen Danziger Goldwasser von Mutter Sailer macht die Runde und ist schnell leer. Mit dem süßen Geschmack des Getränkes auf der Zunge lässt es sich besser reden.

„'n paar Witze!", ruft jemand. „Los, wer weiß 'n Witz?"

Als Unteroffizier Lehmann hereinkommt, werden Witze erzählt.

„Warum kann 'n Schwein nicht Rad fahr'n, Kameraden?"

„Wie doof! – Weil's 'n Schwein ist, Knallkopp!"

„Nee – weil's keinen Daumen hat zum Klingeln!"

„Hahahaaaa …"

Aus dem Bunker Berta ertönt Gelächter.

Dann wird gesungen. „Es ist so schön Soldat zu sein, Roosemarie …"

Der Wald drüben entlässt noch immer nicht den Feind. Die schmale Straße bleibt leer.

„Ein Heller und ein Batzen, die waren beide mein …", singen sie jetzt.

Der Uhrzeiger macht seine Runden, ohne dass etwas geschieht. Nur das feindliche Artilleriefeuer orgelt weiter.

Huuiiiii … wumm … rrrreng …

„Drei Lilien, drei Lilien, die pflanzt ich auf sein …"

„Aus! So'n Trauermarsch wird jetzt nicht gesungen! Was anderes!"

„Dann ,Heimat deine Sterne'!"

„Ooooch traurig."

„Ich weiß eins! – ,Kennen Sie Lamberts Nachtlokal, dort ist's wirklich kolossal …'"

Emmes hat seine Mundharmonika hervorgeholt und spielt darauf. Er spielt gut. Sein Zungenschlag ist virtuos.

Im Bunker Berta singt man auch noch, als es dunkel wird und leiser Schneefall einsetzt. Die Essenholer gehen davon und kommen lachend wieder.

„Menschenskinder – Sondermeldung!", rufen sie schon von weitem.

„Was denn? Ist der Krieg aus?"

„Nee! Schnaps-Sonderzuteilung! Pro Gruppe 'ne Flasche Dreistern!"

Gejohle bricht an. Der Krieg und der anrückende Russe sind vergessen. Der Bataillonskommandeur hat Schnaps verteilen lassen. Schnaps stärkt das Durchhaltevermögen.

„Opa soll leben!", grölen die Soldaten und schwenken die Trinkbecher. „Hoch soll er leben, hoch soll er leben …"

In den Bunkern wird es immer lustiger. Derweil schneit es draußen so dicht, dass man kaum die Hand vor den Augen sehen kann. Und langsam läuft die Schicksalsuhr ab.

Die Zug- und Gruppenführer haben Posten aufgestellt, die horchen sollen. Aber es passiert nichts.

45

„Krieg fällt aus wegen Schneegestöber", lachen die Soldaten. „Krieg findet im Saale statt! Prost!"

Der Feind greift ganz anders an als erwartet. Er nimmt sich gar nicht die Mühe, die Bunker auf den Hügeln vor Rawa frontal anzugehen – er schlägt einen Bogen und packt Rawa im Zangengriff. Beim Bataillonsstab taucht plötzlich ein fremder Offizier auf und überbringt einen Divisions-Befehl: „Feind ist bereits durchgebrochen. Kompanien zurückziehen!"

Noch ehe man an den fremden Offizier Fragen richten kann, ist er weg. War es ein als Offizier getarnter Russe? Ein Agent? Eine Rückfrage beim Regiment bleibt unbeantwortet. Die Verbindung ist plötzlich unterbrochen.

„Ja, Panzergeräusche südlich und nördlich von Rawa!", heißt es jetzt.

„Panzer!", gellt es von Mund zu Mund. „Panzer!"

Der Bataillonskommandeur räumt seinen Gefechtsstand. „Kompanien zurückziehen!", befiehlt er noch.

In Rawa rattern Maschinengewehre, krachen Handgranaten, klirren Panzerketten. Und es schneit noch immer, es schneit, als bräche der Himmel ein. Der Kampflärm erstickt in dem niedersinkenden weißen Vorhang.

Der Pionierzug hat sich müde gesungen. Weil kein Feind zu hören und zu sehen, legt man sich schlafen. Der Krieg findet eben erst morgen statt.

Lechner kann nicht schlafen. Er muss an viele

46

Dinge denken – an die elf Jahre Dienstzeit, an die siegreichen Feldzüge und an den spinnenden Zinnenberg. Tatbericht! So 'n Quatsch! Warum bloß alles so still ist? Nicht einmal das Telefon rasselt. Ob man mal bei der Kompanie anfragen soll?

Lechner nimmt den Hörer vom Apparat und kurbelt. Lange meldet sich niemand. Dann eine lallende Stimme:

„Huber ... Metzgerei Huber."

Lechner stutzt. „Wer ist dort?"

Der Teilnehmer schnauft hörbar, und dann lallt er kaum verständlich und wie aus dem Schlaf geweckt: „Emil Huber ... Metzgermeister ... München ... Fachingerstraß'n." Dann bleibt es still. Der besoffene Sprecher hat wohl aufgelegt.

So sehr Lechner auch am Apparat kurbelt, es meldet sich niemand mehr.

Wie betäubt hockt Lechner vor dem Fernsprechgerät. Die Gedanken überschlagen sich. Was ist passiert? Was ist bei der Kompanie los? Sind denn alle besoffen? Haben alle den Verstand verloren?

„Alarm!", schreit Lechner, und die Schläfer sausen aus den Decken. „Pionierzug antreten. Alles mitnehmen! Los, Riebl, Unteroffizier Lehmann und die anderen verständigen: alles mit Waffen und Klamotten antreten!"

„Was'n los?", fragen die Soldaten. „Ist der Iwan schon da?"

Der Zug tritt an.

Es schneit noch immer, aber nicht mehr so

47

dicht. Das feindliche Artilleriefeuer ist verstummt. Aus Richtung Rawa hört man MG-Stöße. Sie klingen fern und stotternd.

„Etwas stimmt nicht, Kameraden", sagt Lechner, als der Zug mit sämtlichen Waffen angetreten ist. „Der Kompaniegefechtsstand meldet sich nicht mehr, aber es ist trotzdem jemand dort. Der Huber … ich weiß nicht … Na ja, wir werden ja sehen. – Rechtsum – ohne Tritt marsch!"

Schweigend verschwindet der Zug über den Hang und trabt im Gänsemarsch durch die Nacht.

„Was da wieder los ist", sagt Willi zu Emmes.

„Wir werden ja sehen, hat der Sepp Lechner gesagt", erwidert Emmes.

Als der Pionierzug beim Kompaniegefechtsstand ankommt, schneit es nur noch dünn. In Rawa flackert Schützenfeuer, zwischendurch kleckert ein MG.

„Wartet hier", sagt Lechner zu seinen Leuten und verschwindet auf der in den Bunker führenden Treppe.

„Mensch", sagt jemand, „da kennt sich ja kein Aas mehr aus."

Eine andere Stimme erwidert: „Vielleicht pennen sie alle."

Lechner reißt die Zeltbahn vom Eingang. Der Bunker ist leer. Auf dem Tisch flackert ein Hindenburglicht. Die Karte liegt noch da, darauf die mit bunten Nadeln abgesteckte Frontlinie. Die beiden MG-Tische vor den Schießscharten sind leer. Am Boden liegt ein einsamer Stahlhelm.

Als Lechner einen Schritt tut, kollert etwas vor der Fußspitze: eine leere Schnapsflasche. Und der Raum riecht nach Alkohol, nach kaltem Zigarrenrauch.

Lechner wischt mit dem Fäustling unter der Nase weg und schüttelt benommen den Kopf.

„He!", ruft er dann. „Hallo!"

Da ertönt aus dem Hintergrund ein Grunzton. Unter einem Deckenhaufen liegt Emil Huber, der Spieß, betrunken. Total betrunken. Ohne Stiefel. Halb angezogen. Der Fernsprechapparat steht neben dem Lager; der Hörer liegt am Boden, wie er aus der Hand gefallen ist.

Mit drei langen Schritten ist Lechner heran, packt Huber grob am Kragen und zerrt ihn hoch.

„Huber, du besoffenes Schwein! Los, auf! Mach's Maul auf! Was ist hier vorgegangen?" Er beutelt den schweren Mann.

Huber reißt mühsam die kleinen Äuglein auf, guckt sich verwirrt um, lallt etwas und schmatzt mit den Lippen. Dann will er sich wieder hinlegen, aber Lechner stellt ihn mit einem Fluch auf die wackeligen Beine.

„Mach's Maul endlich auf, du Nachtwächter, du besoffener!", schreit er so laut, dass es die draußen stehenden Soldaten hören.

Schritte poltern die Treppe herunter. Lehmann und noch ein paar vom Zug kommen herein und gucken verdutzt auf das seltsame Bild.

„Was ist denn los, Sepp?", fragt Lehmann und kommt rasch heran.

„Du siehst es ja", schnaubt Lechner. „Fort sind sie alle. Bloß den da haben sie hier gelassen. – Huber, Mensch, nun rede doch schon!"

Huber ist jetzt einigermaßen wach. Er rülpst und blinzelt verwirrt um sich. Sein grauer Schnauzer hängt traurig herab, das struppige Haar stachelt um den runden Kopf.

„Seppei …", lallt er jetzt, „ach … du bist's …"

„Wo sind die andern?", fragt Lechner ungeduldig. „Wo ist der Chef … der Zinnenberg … wo sind sie hin?"

Huber guckt sich verwundert um, fährt sich mit der fleischigen Hand über Gesicht und Haare.

„Marandjosef", stammelt er, „i bin ja alloan da!"

„Was war los?"

„I … i woass nix, Seppei …", grient Huber und torkelt auf den Tisch zu. „Herrschaftsseiten … wenn ich nur wüsst' … mein Kopf brummt wie a Bienenstock …"

„Du musst doch wissen, was hier los war!", schnaubt Lechner zornig und versetzt dem dicken Münchner einen Stoß.

„G'soffa hab'n ma", lallt Huber. „Ich woaß nur noch, dass wir g'soffa hab'n …" Er sinkt auf den Klappstuhl und reibt sich mit den dicken Händen das Gesicht, um nüchtern zu werden.

„Das ist vielleicht eine Sauerei", sagt Lehmann zu Lechner. „Die sind alle abgehauen – und den haben sie einfach dagelassen." Lehmann zeigt auf Huber, der sich langsam umdreht und blöd die beiden anstarrt.

„Jessas", lallt er, „jetzt … jetzt merk ich endlich, was g'scheh'n is … Z'ruckg'lassen haben mich die Bazi, die dreckerten! Einfach davon san's, die staubigen Brüder die!" Er stemmt sich hoch und torkelt auf Lechner zu. „Mensch, Seppei – i dank' dir, dass du gekommen bist!"

„Ist irgendein Befehl eingetroffen?", fragt Lechner hastig.

„I woass von nix. Ich hab bloß g'soffa … dann hab i mi hing'legt und bin eing'schlafa."

„Menschenskinder", murmelt Lehmann, „man sollt es nicht für möglich halten."

„Also abgehauen", murmelt Lechner kopfschüttelnd. „Einfach abgehauen, ohne uns etwas zu sagen … wie die Schweine vom Trog." Er wendet sich Huber zu. „Los, zieh dich an, du Nachtwächter! Stahlhelm auf! Knarre mitnehmen! Du kommst jetzt mit uns."

Huber nickt eifrig; er scheint plötzlich nüchtern geworden zu sein. „Bin glei fertig, Seppei … glei … Marandjosef, Marandjosef", murmelt er, als er sich anzieht. „Fort san's alle, die Bazi … zurückg'lassen habn's mi …"

Wenn die Situation nicht so ernst wäre, man könnte lachen. Der Krieg spielt mit den Menschen wie mit Puppen.

Zehn Minuten nach dem Geschehnis im Bunker Nordstern trabt der Pionierzug im Gänsemarsch nach Rawa. Das Lachen ist verstummt, keiner spricht. Man denkt an die Herren, die sich leise aus dem Staub gemacht oder sich sonst wie in Sicherheit gebracht haben; man weiß nichts von der Lage; man ist sich nur über eins klar: Es wird auf Biegen oder Brechen gehen; man will leben.

Der Pionierzug ist genau 38 Mann stark und in drei Gruppen aufgegliedert. Die Männer sind schwer bewaffnet. Die fünf MG stellen eine beachtliche Feuerkraft dar, ganz abgesehen davon, dass jeder noch zwei Panzerfäuste neuester Ausführung und eine Menge Handgranaten mit sich führt.

Huber trabt mit und bildet den Schluss. Der Münchener ist jetzt nüchtern und fragt sich noch immer, wie alles kam. Ein unerhörtes Glück hat der Metzger gehabt! Darüber sind sich alle einig.

Seit Lechner vor dem ungelösten Rätsel über das spurlose Verschwinden der 5. Kompanie steht, ist er fest entschlossen, keinerlei Rücksicht mehr zu nehmen und den Anschluss an die abgerückten Einheiten zu finden.

Wieder einmal hat man alles zurückgelassen, wofür man Kraft, Schlaf und monatelange Arbeit hergegeben hat. Wieder einmal geht es um die zwei großen Probleme dieser Zeit: Freiheit oder Tod.

Sie wollen in die Freiheit zurück, die weit von ihnen abgerückt zu sein scheint.

In der Stadt ist es still. Der feindliche Artilleriebeschuss hat sich nördlich Rawa konzentriert und erweckt die Meinung, dass der Feind die Stadt in seinem Besitz wähnt.

Sie ist es anscheinend noch nicht ganz.

Trrrrr … trr … ertönt es in schnellem Rhythmus.

„Das sind die Unseren", sagt Lechner leise zu Lehmann, der dicht hinter ihm geht, „aber sie sind schon aus der Stadt."

„Wir müssen schau'n, dass wir durchkommen, Sepp."

„Na klar – irgendwo wird schon 'ne Lücke sein."

Sie nähern sich dem Panzergraben, der um die Stadt herumführt.

Starkes Motorengeräusch und gedämpftes Kettengeklirr verraten, dass russische Panzer durch die Straßen fahren. Dann und wann kracht es, kurze Feuerstöße aus russischen Maschinengewehren lassen darauf schließen, dass noch nicht alle Deutschen auf und davon sind.

Sepp Lechner lässt den in Gruppen dahinschleichenden Zug aufschließen.

„Hört her, Kameraden. Wir versuchen, im Panzergraben um die Stadt herumzukommen. Russische Infanterie scheint nicht da zu sein. Mit den Panzern werden wir zur Not fertig. – Los jetzt. Mir nach! Seid leise!"

Lechner springt in den etwa fünf Meter tiefen Panzergraben, der um die ganze Stadt läuft und an verschiedenen Stellen überbrückt ist.

Schnee liegt im Graben und dämpft die Schritte. Die Dunkelheit ist günstig.

Im Gänsemarsch bewegt sich der Pionierzug vorwärts. Als eine Brücke auftaucht, bleibt der vo-

53

rausgehende Feldwebel stehen und horcht. Dann winkt er zum Weitergehen.

Die erste Brücke liegt hinter ihnen.

Rechts brummt etwas. Ketten klirren.

„Panzer!", flüstert Lechner seinem Hintermann zu.

„Panzer …", geht es leise von Mund zu Mund.

Der russische Panzer brummt heran, kommt an den Rand des Grabens.

„Hinlegen …", zischt Lechner.

Der Pionierzug sinkt in den knietiefen Schnee und presst sich an die vereiste, grifflose und schräg aufsteigende Grabenwand. Sie halten den Atem an.

Der russische Panzer steht irgendwo in der Nähe. Man hört das Leerlaufen des Motors. Dann ertönen Stimmen. Die Besatzung unterhält sich.

Plötzlich grellt ein Scheinwerfer auf und leuchtet in den eine sanfte Biegung vollführenden Panzergraben.

Die Pioniere rühren sich nicht. Sie pressen sich in den Schnee, an die linke Grabenseite, um dem Lichtarm zu entgehen.

Es geschieht nichts. Der Schweinwerfer verlöscht wieder, die Russen fahren weiter.

„Junge, Junge", flüstert Emmes, der dicht vor Willi das MG 42 schleppt, „wenn die uns g'spannt hätt'n!"

„Hör auf, Emmes – der Dreizehnte ist ja schon um."

„Erst wenn wir von hier weg sind", flüstert Emmes. Der Zug bleibt noch ein paar Augenblicke liegen.

„Wir müssen uns beeilen", sagt Lechner zu Lehmann. „Sobald es hell wird, müssen wir von hier weg sein, sonst fangen sie uns."

„Meinst du nicht, dass es besser wäre, wir lösten uns auf, Sepp?"

„Wie meinst du das?", fragt Lechner.

„Gruppenweise weitergehen. So ein großer Haufen fällt leichter auf als ein paar Mann. Fünf MG, fünf Gruppen."

„Nee, Kurt – gefällt mir nicht. Wir verlieren, wenn wir irgendwo mit dem Russen zusammenrasseln, an Feuerkraft."

„… Und marschieren womöglich alle achtunddreißig in Gefangenschaft … wenn nicht Schlimmeres."

Lechner überlegt.

„Gut", sagt er schließlich, „dann also getrennt weiter. Ich nehme mir zehn Mann mit und gehe voraus. An jeder Brücke halte ich und peile die Lage; dann schicke ich dir einen Mann zurück, der euch nachholt … und so weiter, bis wir drüben sind."

Damit ist auch Lehmann einverstanden. Er teilt den Entschluss dem Zug mit. Die Soldaten nicken, ein paar murmeln: „Nicht schlecht."

Zehn Mann melden sich freiwillig und wollen mit Sepp Lechner die Vorhut bilden, den Rest teilt Lechner in kleine Gruppen ein.

Emmerich Sailer und Willi Röttger gehören zur

55

letzten Gruppe; sie zählt acht Mann und verfügt über ein MG. Emmerich Sailer übernimmt die Führung des Haufens.

Noch ein paar Instruktionen, dann löst sich Feldwebel Lechner mit seinen Leuten vom Zug und schleicht sich im Panzergraben weiter. Die anderen warten.

Es klappt alles. Man kommt gut voran. Schon hat man den Südteil Rawas erreicht, als Lechners Gruppe plötzlich einen Russenpanzer auf der Südbrücke stehen sieht.

Es ist bereits dämmerig geworden. Die Russen auf dem Panzer unterhalten sich laut und lassen eine Flasche kreisen, als plötzlich einer schreit und aufgeregt in den Panzergraben zeigt.

In den nächsten Sekunden ist die scheinbare Ruhe dieses frühen Morgens dahin. Der Panzer schwenkt seine Kanone und feuert ein paar Mal rasch hintereinander in den Graben. Die Granaten krachen. Splitter zischen durch die Luft, schlagen in die schrägen Wände und heulen als Querschläger davon.

Lechner hat noch so viel Geistesgegenwart, zurückzuspringen. Die Leute prallen aufeinander. Ein Knäuel entsteht, das sich nicht schnell genug zur Flucht wenden kann.

Da fetzt eine Granate in den Haufen Soldaten. Todesschreie gellen durch den Graben. Wer noch laufen kann, lässt alles fallen und stolpert zurück. Einige versuchen, an den vereisten, schrägen Betonwänden des Grabens hochzukommen, doch es gelingt ihnen nicht. Sie sind in einer Falle. Sie müssen den Weg zurück, den sie gekommen sind.

Und der Panzer schießt weiter, feuert mit MG in den Graben und alarmiert die anderen Panzer.

Deutsche im Panzergraben!

Von allen Seiten rollen die Sowjetpanzer heran, während sich in der Todesfalle ein Drama entwickelt.

Von den zehn Mann aus Lechners Gruppe sind vier tot, zwei leicht und zwei schwer verwundet. Der Rest stürzt im Graben zurück und stößt auf Lehmanns Gruppe, die den Lärm gehört hat und nun ihrerseits versucht, zurückzulaufen oder rechts weg aus dem verfluchten Graben zu kommen.

„Da vorn ist was passiert", sagt Emmes zu seinen Leuten. Er ist mit seiner Gruppe noch am weitesten zurück.

„Nichts wie raus hier!", keucht Willi und wetzt bis zum nächsten Ausstieg, der hundert Meter weiter zurückliegt.

Emmes, mit dem MG auf der Schulter, rennt hinter ihm her, die anderen ebenfalls.

Da kracht es wieder von links oben herab. Ein Panzer feuert in den Graben.

Zum Glück laufen die acht Mann im toten Winkel. Die Splitter der Panzergranate fauchen in den Beton, die MG-Garben prasseln und zischen hinter den Flüchtenden her.

Endlich haben sie den Ausstieg erreicht.

„Wohin jetzt, Emmes?", keucht Willi.

„In die Stadt rein!"

„In die Stadt …?" Willi zögert.

„Los – mach schon … renn, sonst ist alles aus!",
keucht Emmes und springt voran.

Willi bleibt Emmes auf den Fersen. Der taucht
jetzt zwischen den zu Ruinen zerschossenen Häusern unter, läuft geduckt durch eine mit Schutt und
Trümmern halb versperrte Gasse und hält schließlich in einem finsteren Torbogen, aus dem Brandgeruch weht. Willi stolpert heran und lässt sich nie-
dersinken, wischt sich über das Gesicht und horcht.

Am Stadtrand krachen noch immer Panzerkanonen und heulen schwere Motoren. Dazwischen
kleckert MG-Feuer. Jetzt rattert ein MG 42. Dann
kracht es so laut, dass den beiden im Torbogen Ho-
ckenden Putz und Mörtel ins Genick fallen. Ein
matter Blitz zuckt durch die Gasse.

„Jetzt haben s' aan erledigt", sagt Emmes.

Die beiden sind allein. Weiß Gott, wo die anderen sechs herumlaufen.

Es ist jetzt keine Zeit, darüber nachzudenken.
Jeder muss sehen, wie er seine Haut retten kann.

Der hastige Atem der beiden verflacht.

„Pass auf, Willi", sagt Emmes, „wir schaun jetzt,
dass wir durchkommen. Zu zweit haben wir da
mehr Chancen als mit dem ganzen Haufen."

„Mensch", flüstert Willi, „den müssen sie ganz
schön durcheinander gebracht haben."

„Ja, ganz schön", murmelt Emmes und lehnt
das MG an die Mauer, nimmt den Stahlhelm ab
und setzt ihn daneben. „Wen wird's alles erwischt
haben?"

Sie schweigen.

Das Geschieße verstummt plötzlich, man hört mahlende Panzergeräusche.

Sowjetpanzer ziehen sich gewöhnlich dann zurück, wenn sie merken, dass der Gegner panzerbrechende Waffen besitzt. Das rumpelnde Geräusch verebbt. Nur noch der ferne Artilleriedonner hält an.

„Was jetzt, Emmes?", fragt Willi ratlos.

„Na – was schon, Willi? Zu zweit werden wir tigern … wie die Füchs, immer schön die Ohren spitz halten. Irgendwo finden wir schon ein Loch, wo wir durchkommen."

„Sollen wir nicht versuchen, die anderen zu finden?"

Der Steiermärker schweigt. Er wägt die Chancen ab. Sein klarer Kopf arbeitet ein paar Sekunden.

„Naa, Willi – bleiben wir allein. Ich hab das Gefühl, als wär das besser."

Willi grinst. „Du hast einmal gesagt, im Krieg soll man sich nicht zu viel auf Gefühle verlassen."

„Jetzt schon, Spezl – jetzt schon." Emmes sucht in den Taschen seiner gesteppten Tarnjacke nach der Feldmütze, findet sie und setzt sie auf. „Schmeiß die Hurratüt'n weg, Willi, wir brauchen sie nimmer. 's MG lass ich auch da."

„Du bist verrückt."

„Dann schlepp du es, wenn du Lust hast."

Als sie leise die Gasse entlangschleichen, bleibt das MG im finsteren Torbogen zurück. Nur mit einem Karabiner und einer 08 sind die beiden bewaffnet. Sie wollen ihren Weg aber nicht mit der Waffe, sondern mit dem Verstand und dem Glauben an ein bisschen Glück erkämpfen.

Ohne Nahrungsmittel, ohne Zagen treten sie ihre Flucht an und ahnen noch nicht, was ihnen bevorsteht, und wie lang der Weg sein wird, den sie eingeschlagen haben.

4

Klar und rein liegt das Licht der Wintersonne über den tief verschneiten Wäldern. Bewegungslos, wie im Schlaf erstarrt, stehen die schneebeladenen Bäume im Glanz eines goldenen Lichtes und tragen ihre weiße Last.

Läge nicht ein fernes Grollen in der Luft, gleichsam wie ein Gewitter, man wäre geneigt, die Welt für verzaubert und still-friedlich zu halten.

Drei Rehe stehen auf der Lichtung im Schnee, verfolgt von ihren schmalen Spuren, die ihnen aus dem dichten, tief verschneiten Unterholz nachlaufen.

Die Tiere äugen zum Hochwald hinüber, als witterten sie etwas Fremdes. Dann setzt der Bock sich in Bewegung, immer schneller, bis er in hohen Fluchten und gefolgt von den Schmaltieren im Waldgestrüpp verschwindet. Noch ein leises Knacken, dann wird es still.

Nur das dumpfe Gewittergrollen der Front hängt im Raum.

Aus dem Hochwald kommend, tauchen zwei Gestalten auf.

Sie sehen aus wie Russen, doch sie sind keine. Die dicken, bis an die Knie reichenden Tarnjacken und die Pudelmützen trügen. Es sind zwei deutsche Soldaten. Willi Röttger und Emmerich Sailer ist es gelungen, aus dem vom Feind besetzten Rawa herauszukommen, sich in nördliche Richtung durchschlagen und der Gefahr des Heldentodes oder der Gefangenschaft zu entgehen.

Im Laufschritt, dann wie Diebe schleichend, nach allen Seiten hin witternd und äugend wie gehetzte Tiere, über Trümmer hinweg und an niedergetrampelten Zivilisten vorbei sind die beiden geflüchtet – erst planlos, dann mit der Vorsicht und Besonnenheit von Menschen, die ihr Leben auf dem Spiele wissen.

Hinter der Stadt rollten sowjetische Panzer, um die man einen Bogen schlug, oder vor denen man sich im Schnee vergrub. War die Luft rein, hetzten die beiden Gestalten über das freie Feld, stolperten, rafften sich auf und brachen endlich in das rettende Waldstück ein.

Seit Stunden sind sie unterwegs, seit jener Nacht, in der sie den Tod von allen Seiten hatten auf sich zukommen sehen. Der Hunger ist unwichtig. Die Beine tragen noch, gehen dorthin, wohin der Wille sie lenkt.

Jetzt stehen sie am Rande der Lichtung und schauen den entschwundenen Rehen nach.

„Mensch, das wär vielleicht 'n leckerer Braten gewesen", sagt Willi, den Karabiner schussbereit in der Hand.

„Bin froh, dass sie ausg'rissen sind", sagt Emmes. „Hättest mit der Knallerei vielleicht den Iwan auf uns aufmerksam gemacht."

„Da haste auch wieder Recht", murmelt Willi. „Aber irgendwie müssen wir endlich was zu essen kriegen. Mein Magen hängt wie 'ne Luftblase im Wanst."

„Vielleicht wachsen hier noch ein paar Schwammerl", witzelt der andere.

Sie lachen leise.

Es ist gut, dass man noch lachen kann. In der vergangenen Nacht war alles zum Heulen.

„Komm, gehn ma weiter", sagt Emmes und setzt sich vor Willi.

Sie verschwinden in einem hochstämmigen Kiefernwald. Der Schnee ist locker; man versinkt oft bis zum Bauch, rappelt sich wieder hoch und stolpert ins nächste Loch.

Allmählich lichtet sich der Wald.

Die beiden gehen vorsichtig. Hinter dem Wald liegt freies Feld, dahinter – etwa drei Kilometer entfernt – führt eine Straße vorbei. Lange Fahrzeugkolonnen bewegen sich auf ihr, dazwischen rollen Panzer. Oft tritt eine Stockung ein, dann geht's weiter.

„Du", flüstert Willi, im Schnee hinter einem Baumstamm hockend, „das sind Russen. Ganz sicher sind das Russen, Emmes!"

„Ja, Russen san's", murmelt der andere und beginnt in der Jackentasche nach der Landkarte zu suchen, breitet sie im Schnee aus und studiert sie.

„Wo sind wir jetzt?", fragt Willi herüber. „So ungefähr halt?"

Emmes hebt den Blick von der Karte und schaut in Richtung Norden, dann wieder in die Karte. Schließlich sagt er halblaut:

„Dort drüben muss Koluszki liegen."

„Was'n das für'n Kaff?"

„A größers Dorf. Von dort sind es der Karte nach noch fünfundsiebzig Kilometer Luftlinie bis Litzmannstadt."

„Ob wir schau'n, dass wir uns bis Litzmannstadt durchschlagen, Emmes?"

Emmes schweigt und zuckt die Schultern; dann faltet er die so wichtige Landkarte zusammen und schiebt sie in die Tasche zurück.

Da brummt etwas heran. Die beiden ducken sich in den Schnee.

Schlachtflieger sind wieder da. Im Tiefflug fegen sie über Wald und Flur hinweg, hummeln auf die Straße zu und fegen über sie hinweg, ohne auf die Kolonnen zu schießen, die dort entlang ziehen.

Die Soldaten heben wieder die Köpfe. Jetzt wissen sie es bestimmt, dass dort Russen marschieren. Auf Koluszki zu. Von dort hört man Gefechtslärm. Dort kämpfen also noch ein paar deutsche Infanteristen. Wie lange noch?

Als die Schlachtflieger verschwunden sind, folgt bald darauf das Schmettern von Bomben, dann das Rattern der Bordwaffen. Bald wird auch Koluszki den Russen gehören.

Willi und Emmes hocken am Waldrand im Schnee und beobachten die weit drüben die Straße entlang ziehenden Feindkolonnen. Jetzt marschiert alles flotter – also ist Koluszki von den Deutschen schon geräumt worden.

Die Unterhaltung zwischen den beiden ist einsilbig. Düster schauen sie zum marschierenden Feind hinüber, darauf wartend, dass die Kolonne zu Ende geht und sich eine Möglichkeit zum Überqueren der Straße bietet.

„Das kann bis nachts dauern", sagt Willi. „Derweil frieren wir uns hier die Knochen kaputt."

„Wir müssen warten, Willi. Einmal geht auch jede noch so lange Kolonne zu Ende."

Sie warten eine dritte, eine vierte, eine fünfte Stunde. Der Abend naht. Der Wald wirft bläuliche Schatten auf den Schnee.

„Hast du noch 'ne Zigarette, Emmes?"

Der Steiermärker schüttelt den Kopf. „Keinen Stummel mehr."

„Mist, verdammter", brummt Willi. „Wenn mal die Zigaretten alle werden, schaut's traurig aus."

Der Steiermärker lächelt unter der pelzverbrämten Mütze hervor. Übernächtig sieht das schmale Gesicht aus, von den Strapazen der letzten Stunden gezeichnet.

„Weißt, Willi", sagt er halblaut, „'s ist noch immer besser, keine Zigaretten zu haben und dafür am Leben zu sein. 's hätt' leicht anders sein können."

„Mit Zigaretten in der Tasche tot am Marktplatz von Rawa liegen?", grinst Willi.

Emmes nickt. Dann schaut er wieder zur Straße hinüber. „Einmal muss der Tatzelwurm dort drüben doch zu Ende gehen", murmelt er wie im Selbstgespräch.

Mit der Dunkelheit schleicht auch die Kälte heran. Wohl tragen sie dicke und sehr warme Tarnjacken, die bis an die Knie reichen, und Hosen, die

65

mit Fell ausgefüttert sind, aber die Kälte wird doch spürbar und zwickt besonders in den Filzstiefeln.

Um die Glieder warm zu halten, führen die beiden Versprengten komische Bärentänze auf und schlagen mit den Armen herum. Auf diese Weise halten sie sich noch zwei Stunden am Waldrand auf. Es ist inzwischen finster geworden.

„Wir müssen schaun", sagt Emmes, „dass wir bis Litzmannstadt durchkommen. Dort, denke ich, werden wir dann wohl die Unseren erreichen."

„Noch rund achtzig Kilometer also?"

„Vielleicht auch bissl mehr, Willi, weil wir ein paar Umwege werden machen müssen."

„Hätten wir bloß einen fahrbaren Untersatz, Emmes. Was meinst du – wollen wir mal schau'n?"

„Du spinnst wohl, ha?"

„Im Ernst, Emmes. Fahrzeuge liegen ja überall haufenweise rum. Schnappen wir uns eins, und hauen wir damit ab."

Emmes überlegt. Etwas ist an der Sache schon dran, aber dafür ist sie auch doppelt und dreifach gefährlich.

„Ich bin erst mal dafür", sagt Emmes, „dass wir schau'n, so schnell wie möglich ..." Er bricht ab.

Hinter ihnen sind Geräusche erklungen – schleifende, knackende Geräusche. Jemand kommt!

Auch Willi hat es gehört. Blitzschnell ducken sich die beiden hinter den Baumstämmen und machen ihre Waffen schussfertig. Emmes zieht die 08 aus der Tasche, Willi entfernt den Mündungsschoner vom Gewehrlauf und entsichert.

66

Sie horchen mit wild klopfendem Herzen und angehaltenem Atem. Sind es Russen, werden sie ihr Leben so teuer wie möglich verkaufen.

Da schleichen vier Gestalten heran. Sie gleiten zwischen den Baumstämmen entlang – fast ohne Geräusch: dunkle Punkte im Weiß.

Willi hebt den Karabiner und visiert den Ersten an. Auch Emmes zielt mit der Pistole.

„Net schießen", flüstert er, „'s sind vielleicht welche von uns."

Da ertönt ein leises und gedehntes: „Haaalt". In deutscher Sprache.

Es sind versprengte Soldaten, die jetzt stehen bleiben und leise miteinander sprechen. Auch sie haben Waffen.

Emmes und Willi lassen die ihren sinken.

„Ruf sie an, Emmes", flüstert Willi. „Dass sie bloß nicht schießen!"

Emmes zögert noch einen Augenblick; dann ruft er halblaut und rasch:

„Hallo, Kumpels! Nicht schießen! Wir sind Kameraden!"

Die Wirkung des Rufes ist verblüffend. Die vier Gestalten werfen sich in den Schnee. Gewehrschlösser knacken.

„Macht doch kaan Blödsinn!", ruft Emmes laut. „Deutsche sind hier!"

Die Versprengten erheben sich wieder und kommen heran.

„Mensch", sagt eine tiefe Stimme, „habt ihr uns aber 'nen Schreck eingejagt. – Wo kommt ihr her?"

67

„Aus Rawa", sagt Emmes, sich erhebend. „Und ihr?"

„Auch aus Rawa."

„Von welchem Haufen?"

„Von der neunten", sagt einer von ihnen, ein Unteroffizier. Sie waren südlich von Rawa eingesetzt und in der vergangenen Nacht von den russischen Panzern überrollt worden. „Wir wissen nicht, was aus unserer Kompanie geworden ist, wir haben uns mit Müh und Not hierher durchgeschlagen. Und wo wollt ihr hin, Kumpels?"

„Richtung Litzmannstadt", sagt Emmes. „Ich denk, dass wir die Unseren dort einholen können."

„So weit werden sie noch nicht zurückgegangen sein", erwidert der Unteroffizier.

„Rechnen wir lieber damit", meint Emmes. „Der Rückzug wird net langsamer sein, als wir ihm nachlauf'n."

„Was bist du für ein Landsmann?", will der Unteroffizier wissen.

„Steiermärker."

„Aha. Und was hast du für einen Dienstgrad?"

„Oberschnäpser."

Der Unteroffizier wendet sich an Willi: „Und du?"

„Dasselbe."

„Gut", sagt der Unteroffizier. „Dann übernehme ich die Führung. Wir gehen jetzt weiter. Was ist auf der Straße da vorn los?"

„Russische Marschkolonnen. Jede Menge", sagt Willi „Es kann aber sein, dass sie jetzt vorbei sind. – Seid mal still!"

Sie horchen in die Nacht.

Die Marschgeräusche auf der Straße sind verstummt.

Plötzlich jammert eine Stimme: „Ach Gott, ach Gott, Kameraden – ich halt's bald nicht mehr aus."

„Beiß die Zähne zusamm', Pepi", sagt einer. „Wir können dir jetzt nicht helfen … beiß feste die Zähne zusamm'."

„Habt ihr einen Verwundeten?", fragt Emmes den Unteroffizier.

„Ja, leider", murrt der, „hat einen Schuss in die rechte Hand abgekriegt. Drei Finger weg. Jetzt jammert er, weil ihm der Frost in die Hand gekommen ist."

Der Unteroffizier hat kurz und bündig gesprochen. Er scheint schon viel erlebt zu haben, was ihn hart gemacht hat.

„Hast du eine Karte?" fragt er Emmes.

„Ja."

„Zeig her."

Emmes zögert. Ein leiser Stoß in den Rücken deutet darauf hin, dass auch Willi die Hergabe der so wichtigen Karte nicht ganz billigt.

„Na mach schon", drängt der Unteroffizier.

Da zieht Emmes die Karte aus der Tasche.

„Wie heißen Sie?", fragt er den Unteroffizier.

„Brechtl. Du kannst getrost ‚Du' zu mir sagen. Wir sind ja alle in derselben Scheiße."

Der Unteroffizier knipst vorsichtig eine abgeblendete Taschenlampe an und studiert die Karte. Emmes zeigt ihm die mutmaßliche eigene Position.

„O Gott, o Gott …", jammert es jetzt wieder im Hintergrund, „geh'n wir denn nicht bald weiter? Ich halt's kaum mehr aus vor Schmerzen!"

„Beiß die Zähne zusamm', Pepi", tröstet die andere Stimme; anscheinend weiß der Soldat kein anderes Trostwort.

Die anderen schweigen. Einer ist sogar eingeschlafen und beginnt zu schnarchen.

Nachdem Brechtl die Karte studiert und sich noch einmal mit Emmes besprochen hat, brechen sie auf und gehen im Gänsemarsch über das freie Feld.

Der Neuschnee liegt als dicke Schicht über dem alten. Die Schritte der sechs Soldaten sind nicht zu hören. Vorsichtig bewegen sie sich auf die Straße zu. Die Nacht ist nicht ganz dunkel. Der Schnee leuchtet.

Aus Richtung Koluszki stottert ein MG und schweigt wieder. Die Straße, die erreicht wird, ist leer.

Brechtl schaut nach links und rechts. Weit links tauchen ein paar Fahrzeuglichter auf.

„Los!", ruft der Unteroffizier mit unterdrückter Stimme, „alle auf einmal rüber und dann schnell weiter! – Marsch, Marsch!"

Im geschlossenen Lauf rennen die sechs Soldaten über die Straße und dann über ein verschneites Feld auf einen Wald zu.

Kaum sind sie darin verschwunden, da brummen ein Dutzend russische Lastwagen mit aufgesessener Infanterie heran. Die Russen sind in bester

Laune. Sie singen. Raues Gelächter auf den anderen Wagen.

So rollen die Sieger vorbei. Sie haben gut lachen, sie dürfen fröhlich singen, denn der Feind läuft davon – läuft, als gäbe es kein Halten mehr.

Etwa drei Stunden lang stapfen die Versprengten durch den Wald. Der Verwundete bleibt manchmal stehen und wimmert.

„Na komm schon, Pepi", sagt der Kamerad, „und beiß feste die Zähne zusamm'."

Als der Wald sich zu lichten beginnt und die sechs Gestalten den Rand erreichen, sehen sie unweit ein kleines Dorf liegen.

„Ob der Iwan drin ist?", fragt jemand.

„Glaub ich nicht", murmelt Brechtl. „Das ist ein Nest, in dem sich die Füchse gute Nacht sagen. Wir wollen aber trotzdem vorsichtig sein. – Steiermärker, willst du mal kundschaften?"

„Gern", sagt Emmes und wendet sich an Willi. „Kommst mit?"

„Na klar", sagt Willi.

Emmes wendet sich an den Unteroffizier: „Dann wartet hier. Wenn drüben alles klar ist, geb ich ein Lichtzeichen."

„Lieber 'n Pfiff", sagt Brechtl, „den sieht keiner. Pfeif drei Mal."

Emmes und Willi machen sich auf den Weg und stapfen querfeldein auf das Dorf zu. Es besteht nur aus ein paar armseligen Häusern. Kleine Bauernhöfe sind es. Nirgendwo brennt ein Licht. Wie aus-

71

gestorben liegt der Häuserklecks im bleichen Weiß der Landschaft.

Willi hat den Karabiner von der Schulter genommen, und Emmes entsichert seine 08.

Vorsichtig nähern sie sich dem schlafenden Dorf. Der Krieg ist an ihm vorübergegangen und hat es verschont. Da beginnt ein Köter zu kläffen, gleich darauf noch einer, und schließlich bellen ein halbes Dutzend Hunde.

Emmes und Willi haben den ersten Hof erreicht. Das Haus hockt tief im Schnee, dahinter steht eine windschiefe Scheune, an die sich ein Stall anschließt.

„Diese Hundsviecher …", schimpft Emmes. „Man kann kaum sein eigenes Wort verstehen."

„Dafür ist der Iwan nicht da", sagt Willi. „Soll ich die anderen herpfeifen?"

„Warte noch. Wir sehen erst mal nach, was hier los ist."

Sie gehen auf die Haustür zu, schauen durch die kleinen Fenster hinein, entdecken aber niemand. Es müssen dennoch Menschen da sein, denn drinnen flackert Feuerschein aus einem Ofen, und die Luft riecht nach Rauch.

„Klopf mal an", sagt Emmes.

Willi klopft ein paar Mal an das Fenster, ohne dass sich im Haus etwas rührt. Als er aber mit der Faust gegen das Fensterkreuz schlägt und die Scheiben jämmerlich klirren, regt sich etwas, und schlurfende Schritte werden hörbar.

Das Hundebellen verstummt allmählich, nur

72

noch ein Köter kläfft weiter. Also sind auch die anderen Bewohner wach und beobachten von den Fenstern aus die nächtlichen Vorgänge in ihrem Dorf. Da tritt ein alter Pole aus der Haustür.

Er spricht mit zitternder Stimme. Russisch, wie Emmes sofort hört. Man hält sie also für Russen. Nicht alle Polen freuen sich über die Wende im Kriegsgeschehen, viele möchten es lieber mit den Deutschen als mit den Russen halten. Aber jetzt muss man wohl das schlechtere Übel in Kauf nehmen. So mag der alte Pole denken, als er ängstlich nach dem Begehr fragt.

„Wir sind Deutsche", sagte Emmes.

Ein hörbares Aufatmen geht durch den alten Mann, dessen Haare wie Schnee aus der Dunkelheit schimmern.

„Oh, Deutsche seid ihr", ruft er. „Kommt herein, kommt cherein, meine Cherren." Er spricht ein kehliges, aber gut verständliches Deutsch.

„Sind Russen hier gewesen?", fragt Emmes, ehe er die Einladung annimmt.

„Nein, nix Russen da gewesen", sagt der Alte.

„Bestimmt nicht, Antek?", fragt Willi; er nennt jeden Polen „Antek" oder „Franzek".

Der Bauer beteuert, hier noch keinen Russen gesehen zu haben. „Kommt nur cherein, meine Cherren", sagt er noch einmal und hält die Haustür weit offen.

Der Geruch von frisch gebackenem Brot und saurer Milch steigt in die Nasen der beiden ausgehungerten Soldaten. Sie erinnern sich plötzlich,

73

dass die seit über vierundzwanzig Stunden keinen Bissen mehr zwischen den Zähnen gehabt haben.

„Wir sind noch mehrere", sagt Willi. „Im Ganzen sechs. Kannst du uns für diese Nacht aufnehmen, Antek?"

„Ja, ja", sagt der Alte. „Kommt nur, kommt."

„Geh du derweil rein", sagt Emmes zu Willi, „ich hol die andern her."

Willi folgt dem Alten ins Haus, und Emmes läuft noch einmal zum Dorfrand, steckt den Finger in den Mund und pfeift drei Mal, worauf sich vier Gestalten vom Waldrand lösen und hastig herankommen.

„Ist die Luft rein?", fragt Brechtl.

„Ja", sagt Emmes. „Es waren noch keine Russen da. Wir können bei einem Bauern bleiben. Er ist nett."

„Du meinst also, dass wir's riskieren können, und dass der Panje astrein ist?"

„Ganz sicher", sagt Emmes.

„Na, ganz so sicher ist das nicht", murmelt der Unteroffizier. „Ich trau den Brüdern nicht übern Weg … in meinen Augen sind alle Partisanen und Schweinehunde. – Los jetzt", sagt er zu den wartenden Soldaten, „gehn wir."

Sie betreten misstrauisch das nächtliche Dorf. Müde und abgehetzt schlurfen sie auf den kleinen Hof zu – hoffend, ein bisschen Wärme zu finden und vielleicht eine Mahlzeit geschenkt zu bekommen.

74

5

Massenweise sind die polnischen Widerstands-
kämpfer auf den Straßen und in den Höfen der
Kassationsgerichte umgebracht worden. Trotz al-
ler Härten und Sühnemaßnahmen der deutschen
Kriegsgerichte ist der größte Teil der polnischen
Bevölkerung weit davon entfernt, die Deutschen
abgründig zu hassen. Im Gegenteil. Besonders die
ländliche Bevölkerung begegnet dem deutschen
Soldaten freundlich und hilft, wo sie nur kann.
Mancher Feldgraue hat Freundschaft mit einem
Polen geschlossen und sitzt mit am Tisch, und viele
Soldaten können sich nur noch deshalb vor den
heranrückenden Russen retten, weil die Polen ih-
nen helfen.

Die Polen sehen den Abzug der Deutschen mit
bangem Herzen. Sie wissen nicht, was der neue
Sieger bringen wird, sie freuen sich keineswegs auf
die versprochene Befreiung und begrüßen die Sowjets scheu und mit großem Vorbehalt. Unter Hitlers Regime wussten die Polen, was sie hatten – bei
den Russen wissen sie's noch nicht. Vom Kommunismus, dessen Vorzüge die Agenten lobpreisen,
halten sie wenig. Ein Übel scheint das andere abzu-
lösen.

Dies wissen anscheinend auch die beiden alten
Leute, die den sechs abgehetzten Soldaten Platz

machen und den Tisch des Hauses anbieten. Ein Laib Brot und einen großen Topf gesäuerte Milch setzt die alte Polin ihnen vor, nickt ihnen freundlich zu und radebrecht einen Segensspruch.

Karel Koschin heißt der weißhaarige Bauer, der seinen Gästen die niedrige Stube zur Bleibe anbietet, Stroh auf den Fußboden schüttet und Pferdekotzen herholt. Karel Koschin erschrickt auch ehrlichen Herzens, als er die verstümmelte Hand des Soldaten sieht. „Bosche, bosche", murmelt er mitleidig und holt sauberes Linnen und einen Tiegel Salbe heran.

Paul Adam heißt der Verwundete. Er ist von hoch aufgeschossener Gestalt und hat ein blasses Gesicht, trägt eine Wehrmachtsbrille, deren Gläser von der Stubenwärme beschlagen sind; er sieht die schrecklich zugerichtete Hand nicht genau und hält sie von sich gestreckt.

„Oh", jammert er, als er verbunden wird, „jetzt kann ich nicht mehr Klavier spielen."

„Was bist du von Beruf?", fragt Emmes, als er die Hand verbindet.

„Musiker", flüstert Adam, dann stöhnt er und kippt um.

Sie betten ihn auf das alte Ledersofa, breiten eine Decke über ihn und kehren an den Tisch zurück.

Schweigend essen sie Brot und trinken Sauermilch. Irgendwo in der Stubenecke tickt eine Uhr. Der Bauer und sein Weib sitzen auf der Ofenbank und flüstern miteinander.

Unteroffizier Brechtl ist ein untersetzter, stämmiger Kerl mit dunkelrotem Haar und stechenden Augen. Die Strapazen scheinen ihm wenig ausgemacht zu haben; er hat ein vitales Gesicht und ein Kinn, das Eigensinn und Härte verrät. Während er den Brotkanten kaut, studiert er unablässig die Landkarte. Plötzlich sagt er:

„Ich hab mir's überlegt: Wir marschieren nicht in Richtung Litzmannstadt, sondern in Richtung Warschau weiter."

Emmes und Willi tauschen einen raschen Blick; dann sagt Emmes stirnrunzelnd:

„Warschau? Warum nach Warschau?"

„Weil ich das Gelände kenne", brummt Brechtl. „Ich bin oft von Warschau nach Rawa gefahren. Wenn wir uns abseits der Vormarschstraße halten, werden wir irgendwo – vielleicht schon bei Skierniewice – die Unseren treffen."

„Der Russ' marschiert auf Warschau zu", sagt Emmes. „Wir werden net weit kommen, dann hat er uns."

Brechtl hebt den runden Kopf und schaut Emmes mit dunklem Blick an.

„Wir werden das machen, was ich sage – verstanden?"

Aha, denkt Emmes, so einer ist das also. Und laut sagt er: „Wir marschieren nach Litzmannstadt weiter."

„Wer – wir?", fragt der Unteroffizier.

„Mein Freund und ich", sagt Emmes, auf Willi deutend, der zustimmend nickt. „Wenn ihr nach

Warschau marschieren wollt – von mir aus. Wir zwei geh'n Richtung Litzmannstadt weiter."

„Ihr wollt in den Sack hau'n?" Brechtl grinst.

„Nein, durchkommen wollen wir", korrigiert Emmes und zieht dem Unteroffizier die Landkarte unter den Händen weg, legt sie zusammen und steckt sie in die Tasche. „Wir haben keine Lust, den Russen in die Hände zu fallen."

„Ihr bleibt schön bei uns", knurrt Brechtl und bekommt eine rote Stirn.

Emmes erhebt sich. „Du kannst uns nix befehl'n, mein Freund. Hier schaut jeder zu, wie er am besten durchkommt: wir nach Litzmannstadt – ihr nach Warschau."

Brechtl sieht aus, als wolle er in der nächsten Sekunde losbrüllen oder Emmes die Faust ins Gesicht schlagen.

„Gib die Karte her", sagt er drohend.

„'s ist die meine."

„Du sollst die Karte hergeben!", schnaubt der Unteroffizier und schiebt sich vom Stuhl hoch.

Auch Emmes und Willi sind aufgestanden.

„Sag' mal", lächelt der Steiermärker, „du hast wohl giftige Schwammerl gefressen? Mandel di net so auf hier."

„Halt 's Maul, du Sack du!", brüllt Brechtl plötzlich los und reißt die Pistole aus der Tasche. „Die Karte her, sonst!"

Er richtet den Lauf der Pistole auf Emmes.

Die beiden starren sich an. Emmes ist blass wie eine Kalkwand. In seinen hellblauen Augen funkelt es, aber seine Stimme klingt ruhig, als er sagt:

„Hör mal, Unteroffizier. 's ist jetzt net die Zeit, hier herumzubrüllen und die Pistole zu ziehen. Steck sie wieder weg. Oder …" – Emmes lächelt noch tiefer – „willst mich umlegen, nur weil ich net nach Warschau marschier'n möcht, weil ich keine Lust hab, dem Russen in die Arme zu rennen?"

„Abhau'n wollt ihr", sagt Brechtl, „euch verkrümeln."

„Geh, red net so damisch daher", lacht Emmes und verlässt den Tisch. „Komm, Willi – wir gehen. Hier gefällt mir's net mehr."

Die anderen Soldaten gucken verdutzt und bleiben am Tisch hocken.

Emmes geht zu den beiden Alten, die verängstigt auf der Ofenbank hocken.

„Vergelt's Gott", sagt er, dem Mann und der Frau die Hand reichend, „und nix für ungut, dass es hier so laut zugeht."

Der Bauer kann vor Aufregung nicht sprechen, und die Frau stammelt nur: „Bosche, bosche …"

Emmes geht auf die Tür zu. Plötzlich ertönt hinter ihm ein barscher Ruf:

„Halt! Keinen Schritt machst du mehr, sonst knallt's!"

Emmes bleibt stehen und dreht sich langsam um. Am Tisch steht Brechtl, die Pistole im Anschlag und mit einem Gesicht, das nichts Gutes verheißt. Er will, dass alle beisammen bleiben – nicht zuletzt auch deshalb, um die eigene Person besser zu schützen. Ein Marsch zu sechst erscheint ihm sicherer als zu viert, und die beiden Oberschnäpser sind noch von der alten, bewährten Garnitur. Brechtl möchte nicht auf sie verzichten. Emmes grinst, als er sagt:

„Unter solchen Umständen gerade net. Du bist mir zu scharf, mein Lieber – solche wie dich, die mag i net. Sei mir net bös', Unteroffizier, aber dös musst du dir schon von an alten Oberschnäpser sagen lassen."

„Dann rück die Karte raus", zischt Brechtl, die Pistole im Anschlag.

Emmes tippt sich nur gegen die Stirn, worauf Brechtl brüllt:

„Die Karte her, sag ich, sonst …"

Weiter kommt er nicht.

Willi hat den Tisch verlassen und steht schon geraume Zeit dicht hinter Brechtl. Und jetzt schlägt er zu. Kurz und hart, wie es sich für einen Schlossergesellen geziemt. Erst dem Brechtl auf die rechte Hand, dass die Pistole zu Boden poltert, und dann kräftig in Brechtls Nacken.

Brechtl kippt vornüber auf den Tisch und fegt die Brotreste und den halb leeren Milchtopf herunter. Die anderen beiden Soldaten springen erschrocken in die Höhe. Auch Paul Adam, der Verwundete, ist aus dem Meer Schmerzen, in dem er die ganze Zeit über schwamm, aufgetaucht und stemmt sich hoch.

„O Gott, o Gott", jammert er mit fiebrigem Blick, „was … was ist denn los hier, Kameraden?"

80

Willi hat die Pistole aufgehoben und geht zu Emmes hinüber.

„Komm", sagt er, „verschwinden wir. Hier ist die Luft nicht gut. Der Kerl dort spinnt ja."

Emmes bleibt noch; er nimmt Willi die Pistole aus der Hand, entlädt sie mit ein paar raschen Griffen, nimmt auch das Magazin heraus und geht damit zu Brechtl hin, der sich inzwischen aufgerichtet hat und seinen schmerzenden Nacken reibt.

„Da, nimm sie wieder, du damischer Ritter", sagt Emmes mit gutmütigem Spott und reicht Brechtl die Pistole. „Schieß lieber a paar Russ'n z'samm, statt Kameraden."

Brechtl nimmt die Pistole.

„So hör doch", murmelt er, „bleiben wir beisammen, rennen wir nicht wie die Schafe auseinander."

Emmes überhört den Vorschlag. Willi steht an der Tür. Den Karabiner hält er wie zufällig schussbereit. Brechtl ist nicht zu trauen – das ist ein ganz Wilder; man hat's bemerkt.

„Wer will mit uns kommen?", fragt Emmes und schaut von einem Soldaten zum anderen, dann zu Brechtl herumfahrend: „Außer dir! Du kannst alleine nach Warschau marschieren, wenn du dort jemanden hast, der auf dich wartet."

„Quatsch nicht so dämlich", murmelt Brechtl.

„Also – wer will mit uns mitkommen?", fragt Emmes zum zweiten Male.

Die beiden am Tisch sehen sich ratlos an und schweigen.

Da rappelt sich der Verwundete hoch und meldet sich mit einem leisen, ächzenden: „Ich komm mit, Kameraden … ich …"

Emmes furcht unmerklich die Stirn, dann geht er jedoch auf Adam zu und hilft ihm auf die Beine.

„Wirst durchhalten können?", fragt er ihn halblaut.

„Ja … sicher", murmelt der Verwundete. „Ich versprech es euch. Litzmannstadt … das ist besser als nach Warschau."

„Und ihr?", fragt Emmes die anderen beiden.

„Mensch", sagt der eine, ein sommersprossiger, nicht sehr intelligent dreinschauender Mensch, „nu weiß ich wirklich nich, was besser ist."

„Warschau", murmelt Brechtl, worauf der Sommersprossige sagt: „Wir bleiben beim Herrn Unteroffizier."

„Ist mir recht", nickt Emmes und geht zu den alten, ängstlich auf der Ofenbank sitzenden Leuten hin und fragt den Bauer:

„Verkaufst du mir eine Decke, Alter?"

Der Bauer versteht nicht gleich, aber Willi hat bereits eine der vom Sofa heruntergefallenen Decken aufgehoben und zeigt sie dem Bauern.

„Ja, ja", nickt Karel Koschin, „nehmt sie nur."

Emmes nimmt seine Armbanduhr ab und reicht sie dem Bauern, aber der will sie nicht.

„Nicht Uhr", sagt er, „nicht so schöne Uhr. Wir chaben schon Uhr."

„Dann also – nochmals vergelt's Gott", lächelt der Steiermärker und klopft dem Alten auf die Schulter.

Paul Adam hat man die dick bandagierte Hand in eine Schlinge gelegt. Blass und krank sieht der Musiker aus, als er zur Tür geht, sich noch einmal umdreht und zu den Zurückbleibenden sagt:

„Macht's gut, Kameraden … kommt gut durch!" Er verlässt als Erster die Stube.

„Tschüss", murmelt Willi und geht. Nur Emmes steht noch an der Tür, als schirme er den Abzug der Kameraden gegen etwas ab.

Brechtl sitzt am Tisch und schiebt das Magazin in die Pistole, die anderen beiden essen weiter.

„Brechtl", sagt Emmes.

„Hau ab", murmelt der Unteroffizier, „und … und mach's gut, du sturer Hund."

„Du auch, Brechtl", grinst Emmes und grüßt militärisch. „Servus, Kameraden!" Rasch verlässt er die Stube.

Draußen warten Willi und der Verwundete.

„Wir marschieren, bis wir eine bessere Unterkunft finden", sagt Emmes. Und zu Paul Adam: „Wie fühlst du dich?"

„Wie nach'm ersten Kind", murmelt der Verwundete.

Emmes lacht leise.

Dann gehen sie die kurze Dorfstraße entlang, verlassen sie hinter den letzten Häusern und schlagen die Richtung Westen ein. Bald verschwinden die drei dunklen Punkte auf dem weiten Schneefeld.

Im Norden paukt schweres Artilleriefeuer und verrät, dass der Krieg weitergeht.

Sie kamen in dieser Nacht nicht weit, weil Paul schlapp machte und vom Wundfieber dermaßen geschüttelt wurde, dass er kaum sprechen konnte. Im Wald fanden sie eine Hütte, in der trockenes Schilf lag. Hier verbrachten sie die Nacht und schliefen bis zum Morgen.

Paul ging es nicht besser, obwohl er ständig behauptete, die Schmerzen hätten nachgelassen. Oft musste er von den beiden Kameraden gestützt werden, als sie ihren Marsch querfeldein fortsetzten. Sie erreichten Straßen, auf denen sowjetische Kolonnen im Vormarsch waren. Nirgendwo sahen sie, dass ein Russe gehen musste – alle fuhren, alle waren lustig, und oft sangen sie so laut, dass man es auf große Entfernung hören konnte.

Eine nicht abreißende Kolonne war es, in denen schwere Lkw und dicke Panzer rollten, motorisierte Geschütze, Trossfahrzeuge in Mengen. Nachts wurde mit Licht gefahren. Die deutsche Luftwaffe war nicht mehr zu spüren, der Feind konnte sich so frei und unbehelligt im polnischen Raum bewegen, wie es ihm beliebte.

Die drei Soldaten verhielten sich vorsichtig und riskierten nichts. Sie waren fest entschlossen, die deutsche Front einzuholen, die vor ihnen mit jeder Stunde, mit jedem mehr oder weniger mühsam bewältigten Marschkilometer zurückwich.

Auf einer Straße zu marschieren, um schneller voranzukommen, war unmöglich geworden. Alle Straßen gehörten den Russen. Vor Dörfern musste man sich ebenso hüten wie vor den dann und wann einsam im Land verstreuten Gehöften. Sie sahen Fahrzeugspuren, sahen Panzerspuren von den Straßen abzweigen und wussten, dass auch der russische Soldat gern einen Abstecher unternahm, um irgendwo abseits etwas zu organisieren, sich zu zeigen und mit den polnischen Mädchen zu schäkern.

Zwei Tage sind Emmerich Sailer, Willi Röttger und der verwundete Paul Adam schon unterwegs, seit sie das Gehöft Karel Koschins verlassen haben. Manchmal fragen sie sich, was aus Brechtl und seinen Gefährten geworden sein mag. Es ist fast als sicher anzunehmen, dass sie – wenn sie in Richtung Warschau weitermarschiert sind – den Russen in die Hände gelaufen und gefangen worden sind.

„Der Iwan macht keine Gefangenen", sagt Adam. „Ich hab's gesehen, dass er alles umbringt … Ich will leben, Kameraden."

Ja, der Paul hat mit eigenen Augen gesehen, dass der Feind keine Gefangenen macht, und deshalb beißt er auch die Zähne zusammen und hält sich wacker auf den Beinen. Durch die Wehrmachtsbrille sieht er so schlecht, dass er oft stolpert und in den Schnee fällt, und jedes Mal sind Emmes und Willi da, die ihn aufheben, ihm gut zureden und ihn mitschleppen.

„Ihr seid so gut, Kameraden", sagt Adam oft. „Ich bin euch ja so dankbar, dass ihr mich mitgenommen habt."

Meistens hat Emmes die Führung. Er kennt sich

gut aus mit Karte und Kompass und hält sich stur an die Marschrichtung.

Jetzt haben sie wieder einen der tausend Wälder Polens durchquert und beäugen vom Waldrand aus das freie Gelände.

Gar nicht weit weg steht eine Korndieme, davor eine Dreschmaschine. Ein Stück entfernt sehen sie einen großen Gutshof, an dem eine Straße vorbeiführt; das verraten kleine Chausseebäume.

Die Straße ist leer. Dafür scheint der Gutshof bewohnt zu sein, denn aus dem Schornstein steigt Rauch auf.

„Gehn wir bis zum Schober", sagt Emmes, „und dort bleiben wir ein bissl. – Wie fühlst dich, Paul?"

„Danke", lächelt Adam, „immer besser." Er lügt. Es geht ihm gar nicht besser. Die rechte Hand liegt wie ein Stück Blei in der Armschlinge. Wie mit tausend Nadeln sticht es in der zerschossenen Hand, und er sieht gelegentlich feurige Kreise und sprühende Lichter vor den Brillengläsern.

Bis zum Strohschober hinüber sind es nur ein paar Minuten; dann sind sie dort. Willi geht gleich daran, aus dem Strohhaufen ein paar Schütten zu ziehen, aber das ist eine schwere Arbeit: Das Stroh ist zusammengepresst und gefroren. Besonders die nördliche und die östliche Seite. An der südlichen lässt sich endlich eine Schütte, dann mehrere herausziehen. Bald ist eine Höhle gewühlt, in der man es sich gemütlich macht.

„Nimm die Decke und wickel dich ein", sagt Emmes zu Paul.

„Nein", sagt Paul, „wir decken uns alle drei damit zu."

„Red keinen Blödsinn, Musikant", sagt Emmes, „und nimm die Decke."

Zähneklappernd wickelt Adam sich hinein und streckt sich seufzend.

„Müsste bald wieder mal den Verband erneuern", sagt er.

„Damit wirst du noch warten müssen", erwidert Willi, sich nach der linken Seite hin noch Platz machend, indem er Stroh herauszieht und mit den Füßen gegen den Höhleneingang schiebt.

Sie sind müde und schlafen fast ohne Übergang ein. Nur Paul kann nicht schlafen. Die Schmerzen in der zerschossenen Hand sind irrsinnig, aber er gibt keinen Mucks von sich, liegt da und versucht, sich durch Erinnerungen abzulenken.

Berlin-Steglitz, da fing alles an. Mit dem Persil-Karton kam man an. In ihm wurde der dunkle Anzug, den Paul im Magdeburger Ratskeller beim abendlichen Drei-Mann-Musizieren getragen hatte, heimgeschickt, dazu der abgewetzte dünne Mantel. Dafür bekam man Uniformstücke an den Kopf geworfen. Alles musste passen.

Aber schön warm war's auf den Stuben, denkt Paul, und zu essen gab's auch alle Tage drei Mal. Wenn auch nicht viel, aber doch zu essen.

Dann denkt er an die Ausbildung. Beim Übungszielen hatte sich herausgestellt, dass der Paul kaum Kimme und Korn am Gewehr sehen konnte, geschweige denn den Punkt, den er anzielen sollte.

„Sie Dussel!", schrie der Ausbilder, und das war der Martin Brechtl, der sich unlängst wie ein Verrückter benommen hatte. „Sie blinde Henne!"

„Ich bin nicht blind", hatte Paul einzuwenden gewagt, „ich bin nur stark kurzsichtig, Herr Unteroffizier."

„Und so was will Soldat werden", hatte Unteroffizier Brechtl gesagt und den Kopf geschüttelt.

Nein, ich wollte es nicht werden, denkt Paul. Ich habe es den Herren bei der Musterung immer wieder gesagt, dass ich stark kurzsichtig bin … und am Herzen habe ich es doch auch. Herzklappenfehler. Und trotzdem haben sie mich genommen … und jetzt bin ich hier. O Gott, die Hand tut so weh. – Warum hat es nicht wehgetan, als ich getroffen wurde, überlegt er. Gar nichts habe ich gespürt, nur einen Schlag. Und weg waren die Finger … nur Blut da. Viel Blut.

Er liegt still und spürt das Pochen und Stechen in der Hand. Ich werde nie wieder Klavier spielen können, denkt er. – Ja, was mache ich denn, wenn der Krieg aus ist? Wenn wir durchkommen? Wenn sie mich – so Gott will – aus dem Lazarett entlassen werden? Was mache ich dann?

Es steigt dem Magdeburger heiß in die Augen, und er beißt die Zähne zusammen, wie man es ihm schon seit drei Tagen immer wieder vorgesagt hat. Trotzdem entschlüpft ihm ein ächzender Laut, der den Emmes weckt.

„Hast Schmerzen, Paul, gell?"

„Ja, ein bisschen", kommt die zittrige Stimme

aus dem kalten Dunkel. „Aber ich halte es schon aus, Emmes. Schlaf weiter."

Neben Emmes schnarcht Willi.

„Bleibt da", sagt Emmes, „ich schau mal nach, was drüben auf dem Gutshof los ist. Vielleicht ist die Luft rein und wir können in eine wärmere Zone umsiedeln."

„Nein, bleib", flüstert der Verwundete. „Meinetwegen nicht, Emmes … meinetwegen nicht."

Emmes schiebt sich aus der Strohhöhle. Ein eiskalter Wind fegt ihm ins Gesicht. Es ist dunkel geworden. Der Himmel ist klar, die Sterne leuchten in kalter Pracht. Bleich und weit ist das Land. Dort, wo der Gutshof liegt, blinzelt ein Licht.

Emmes setzt sich in Trab. Als er dem Gutshof näher kommt, der sich als ein stattlicher Gebäudekomplex erweist, geht er langsamer. Er behält auch die Straße im Auge, aber es zeigt sich kein Fahrzeug, das mit offenen Scheinwerfern irgendwohin fährt.

Emmes hat die Gebäude erreicht. Das Tor steht weit offen, der Hof liegt groß und weit vor den Blicken: rechts das Wohnhaus, dessen untere Fenster erleuchtet sind, links große Scheunen und Wagenschuppen, aus denen Deichseln herausragen. Das Stallgebäude verbaut den Blick nach Norden. Der Geruch von Kühen und Mist dringt in die Nase.

Die Hand am Pistolengriff, nähert Emmes sich einem der hellen Fenster und schaut hindurch.

In einem herrschaftlichen Raum sitzen Männer am Tisch und trinken. Einer steht und sagt etwas, das wie ein Toast klingt, worauf die Männer

Schnapsgläser erheben und in Rufe ausbrechen, die sehr verdächtig nach Freiheitsparolen klingen. Da weiß Emmes, dass er nicht anklopfen darf. Dort sitzen jene, die sich über den Sieg der Russen freuen und darauf anstoßen.

Leise wendet er sich zum Gehen und kehrt zum Strohschober zurück, kriecht hinein und legt sich wieder neben Paul Adam.

„Was ist, Emmes?", fragt Paul.

„Besser, wir bleiben hier", sagt Emmes.

Der kalte Nachtwind streicht um das Asyl der drei Versprengten, winselt in den Verstrebungen der Dreschmaschine und fegt den Schnee in dünnen Wolken über die Fluren.

Emmes wird durch die Kälte wach. Seine Glieder sind steif.

„Paul", sagt er, tastet nach links und erschrickt. Seine Hand hat ein heißes, trockenes, knochiges Gesicht berührt.

Paul atmet sehr flach, und als Emmes ihn sanft rüttelt, sagt er mit schleppender Stimme:

„Mir … mir ist elend, Emmes. Ich glaube, ich hab Fieber."

„Ja, Fieber hast", sagt Emmes. „Wir müssen hier bleiben."

„Nein", flüstert der andere, „nicht hier bleiben." Er rührt sich, und plötzlich rutscht er, mit den Füßen voran, aus der Strohhöhle – hinaus in einen kalten, lichtarmen Morgen.

Paul Adam sieht elend aus. Tief liegen ihm die

Augen in den Höhlen. Er blinzelt, denn er hat die Brille verloren.

Da tauchen Emmes' Füße aus dem Loch auf, dann er selbst, Strohhalme hängen ihm im Haar, Spreu, Staub.

„Meine Brille", sagt Paul, „meine Brille ist weg ... drinnen im Loch muss sie noch liegen. Bitte, such sie, Emmes."

Emmes ruft in das Loch hinein: „He, Willi!"

Eine Grabesstimme antwortet: „Komm schon."

„Die Brille vom Paul, Willi – drinnen muss sie liegen."

Paul friert wie ein junger Hund – kaum, dass er sich auf den Beinen halten kann, die Hand wie schützend über die kurzsichtigen Augen gelegt, so steht er vor Emmes: im langen, zerknautschten Mantel, ein Bild des Jammers.

„Gebt mir die Decke", sagt er, „mich friert erbärmlich, Kameraden."

„Gleich, gleich, Paul", erwidert Emmes, den heißes Mitleid gepackt hat. „Der Willi ... der Willi ... He du!", ruft Emmes in das Loch im Strohschober, „so mach schon! Die Decke und die Brille vom Paul!"

Trotz eifrigster Suche findet Willi die Brille nicht mehr.

„Sie muss ins Stroh gerutscht sein", sagt er, als er aus dem Loch gekrochen kommt.

Da kriecht Emmes noch einmal hinein und fängt zu suchen an. Schließlich findet er die Brille. Sie ist in zwei Teile gebrochen. Ein Glas fehlt.

Emmes zeigt dann Willi stumm das Brillen-
wrack, und Willi nickt nur.

„Hast du sie, Emmes?", fragt Paul mit aufeinander schnatternden Zähnen.

„Ja, Paul", murmelt Willi, „aber du kannst sie
nicht mehr aufsetzen. Sie ist hin. Wir müssen darauf gelegen haben."

Der schlotternde Soldat blinzelt. Seine kurzsichtigen Augen fangen zu tränen an. Vom eisigen
Wind.

„Na, macht nichts, Kameraden", sagt er mit einem verkrampften Lächeln, „dann gehe ich eben
ohne Brille weiter."

Emmes wendet sich ab und schaut zum Gutshof
hinüber. – Ob man es riskieren soll? Denn Paul
kann ja in diesem Zustand nicht marschieren. Er
schafft keinen Kilometer, dann muss man ihn entweder liegen lassen, oder …

Dieses „Oder" ist ein Ungeheuer, vor dem Emmes maßlos erschrickt. „Oder" bedeutet Kapitulation. Bedeutet den sicheren Tod.

Willi hat dem verwundeten Magdeburger die
Decke um die schmalen Schultern gehängt. Mit
der Decke, dem schief auf dem knochigen Schä-
del sitzenden Krätzchen, den ausgelatschten Kno-
belbechern, die aus dem langen, ausgefransten
Mantel herauswachsen – so mit dem bleichen Gesicht und den blinzelnden Augen, dem hellblon-
den Stoppelbart, stellt Paul Adam das ganze Elend
einer vernichtend geschlagenen Armee dar – einen Soldaten, der keiner mehr ist, eine militäri-

sche Vogelscheuche, vor der der Feind sich wiehernd auf die Schenkel schlagen und in brüllendes Gelächter ausbrechen müsste.

„Kommt, Kameraden", sagt Paul, „gehen wir … Gehen macht warm."

„Kannst du überhaupt gehen, Paul?", fragt Willi besorgt.

„Na klar. Ich kann. Ich kann alles, was ich will." Und er setzt sich in Bewegung, er geht voran: lang, stolpernd, mit der umgehängten Decke, an der der Wind zerrt.

„Wir haben uns was Schweres aufgehalst", sagt Emmes zu Willi, „aber wir lassen ihn nicht im Stich."

„Nee, Emmes – nee, den nicht."

So beginnt der vierte Marschtag der Versprengten.

Paul Adam bricht nicht zusammen. Mit bewundernswerter Energie hält er sich auf den Beinen. Manchmal müssen die anderen ihn führen, dann hängt er schwer an ihren Armen und murmelt alle Augenblicke: „Danke, Kameraden … vielen Dank … ihr seid nett … das werde ich euch nie vergessen … nie."

Sie kommen nur langsam voran. Emmes bremst das Marschtempo, weil er auf den fiebernden Verwundeten jede nur erdenkliche Rücksicht nimmt.

In einem Wald ist es dann so weit, dass Paul nicht mehr kann. Wie ein gefällter Baum fällt er vornüber in den Schnee und bleibt liegen.

„Geht … alleine weiter, Kameraden", flüstert er

matt. „Ich mag jetzt nicht mehr … ich kann einfach nicht mehr, ich bin fix und fertig."

Die beiden sehen sich stumm an. Dann schütteln sie wie auf Kommando die Köpfe.

„Kommt nicht in Frage", murmelt Willi, „wir lassen dich nicht liegen."

„Ich … ich bin euch ja nur ein Klotz am Bein", murmelt Paul.

„Red keinen Blödsinn", erwidert Emmes, „du gehörst zu uns, und du kommst mit."

Mit diesen Worten sucht Emmes zwei passende Stämme, aus denen man Stangen für eine Tragbahre fertigen kann. Eine gute Viertelstunde dauert es, bis das mit der Decke bespannte Gestell fertig ist, und zehn weitere Minuten brauchen Emmes und Willi, ehe Paul Adam sich dazu überreden lässt, sich auf die Bahre zu legen und sich tragen zu lassen.

Die Aussichten auf eine erfolgreiche Flucht schmelzen kläglich zusammen. Auf solche Weise kann man nicht weit kommen. Die Last auf der Bahre ist wohl nicht schwer, aber sie behindert das Gehen. Trotzdem schleppen Emmes und Willi den Verwundeten den Vormittag über und halten an, als sie wieder eine Straße erreichen, über die sie hinweg müssen.

Der Wald, aus dem sie heraustreten, steht erhöht. Der Blick fällt auf die schmale, von Reifenspuren glatt gefahrene Straße und verschwindet dann wieder in einem Wald.

Dieser verfluchte Wald! Er ist Sicherheit und Qual zugleich. Nie werden sie ihn vergessen!

Noch wagen Emmes und Willi es nicht, den Hang hinunterzurutschen und die Bahre über die Straße zu tragen, denn auf der gegenüberliegenden Seite erstreckt sich freies Feld, und erst weit dahinter liegt der nächste Wald.

„Hat's überhaupt noch 'nen Zweck, Emmes?", fragt Willi leise den schwer atmenden Freund. „Sollen wir nicht lieber …?"

Vor den Blicken Emmes' schweigt Willi. Dann murmelt er:

„Aber vielleicht schaffen wir es doch noch. – Wie weit ist es überhaupt noch bis Litzmannstadt?"

Emmes holt die zerknitterte Landkarte aus der Tasche, streicht das Blatt glatt und studiert es eine Weile.

„Du, Paul!", ruft Willi. „Schlaf nicht ein!"

„Ich schlafe nicht, Kameraden", antwortet die spröde Stimme des auf der Bahre Liegenden.

Willi wendet sich an Emmes: „Also – wie weit noch?"

„An die dreißig Kilometer", sagt Emmes.

Willi schüttelt den Kopf. „Mensch, jetzt sind wir schon vier Tage unterwegs und erst knapp vierzig Kilometer weit gekommen. Wenn das Tempo so weitergeht, dauert's ein Jahr, bis wir in Deutschland sind."

„Ich rechne damit", sagt Emmes, „dass die Unsern nur bis Litzmannstadt zurückgehen. Dort verläuft die Grenze des Generalgouvernements, und dort werden sie doch – ich hoff's – eine neue Verteidigungsstellung aufgebaut haben."

„Du meinst wirklich, Emmes?"

„Ich hoffe es, habe ich gesagt, Willi. Gehen die Unsern noch weiter zurück, dann … dann ist der Krieg aus."

„Mir kommt es vor, als wäre er es schon", murmelt Willi.

Emmes faltet die Karte wieder zusammen und steckt sie weg; dann geht er zu Paul und beugt sich über ihn.

Paul Adam hält die Augen geschlossen. Das knochige, blasse Gesicht schaut aus dem Kopfwärmer heraus, und spitz ragt die Nase in die Luft. Paul sieht aus, als wäre er schon tot. Aber er ist es nicht. Er blinzelt jetzt, hebt mühsam ein Lid und sagt leise:

„Meine Beine sind wie abgestorben, Emmes. Ich werde versuchen, ein Stück zu laufen."

„Du bleibst schön liegen, hörst!"

Als Paul sich aufrichten will, drückt Emmes ihn sanft zurück. „Liegenbleiben! Wir gehen jetzt weiter, Paul. Über die Straße müssen wir weg. Halt dich fest, dass du uns net runterfällst, wenn wir losrennen."

Gehorsam legt sich Paul zurück und nickt.

Die Straße ist leer, und sie hören auch keine Motorengeräusche. Bis zum nächsten Wald hinüber sind es etwa achthundert Meter. Die müssen sie jetzt so schnell wie möglich hinter sich bringen.

Stumm packen sie die Enden der Stangen, heben die Bahre auf, und dann rutschen sie den Hang hinunter. Der Willi flucht und stolpert. Bis an den

96

Bauch stehen sie im Schnee, und dann wühlen sie sich heraus, gelangen auf die Straße und keuchen auf die andere Seite hinüber. Sie sind schon ein Stück im freien Feld, als links hinter ihnen ein Schnurren laut wird. Gehetzt schauen sich Willi und Emmes um.

„Ein Panzerspäh!", keucht Emmes. „Marandjosef … jetzt aber ganz schnell …!"

Auf der Straße summt ein russischer Panzerspähwagen heran, in Abstand hinterher ein zweiter. Plötzlich hält der erste und fängt zu schießen an. Jetzt feuert auch der zweite auf die Flüchtenden.

Willi und Emmes schleppen die Bahre im Laufschritt über das Schneefeld. Rauschend, pfeifend sausen die MG-Garben über ihre Köpfe hinweg. Links und rechts stiebt der Schnee empor.

Die russischen MG-Schützen lachen und schwenken die Maschinengewehre hin und her.

„Das sind Fritzen!", schreit der MG-Schütze im ersten Panzerspäh. „Gleich haben wir sie!"

Der Pruwodnik steht im Turm und schaut mit dem Glas zu den Flüchtenden hinüber. Er sieht sie genau – sieht, dass sie eine Tragbahre schleppen. Jetzt fallen sie hin, aber sie rappeln sich wieder auf und rennen weiter.

„Stoj!", ruft der dick vermummte Offizier in den Wagen. „Stoj!"

Das erste Panzer-MG verstummt.

Der Offizier spricht per Funk mit dem zweiten Wagen. Dann schweigt auch dort das MG.

„Lassen wir die armen Schweine laufen", sagt der Pruwodnik lachend. „Irgendwo erwischen wir sie doch noch."

Belustigt schauen die Russen zu den flüchtenden Deutschen hinüber. Jetzt stolpern sie wieder weiter, und wenige Augenblicke später verschwinden sie im Wald.

Die Panzerspäh setzen ihre Fahrt fort. Ein Schwarm Krähen fliegt über die Straße und eilt mit plumpem Flügelschlag davon.

„Genossen, wisst ihr noch?", lacht der Pruwodnik. „Vor zwei Jahren haben die Fritzen uns gejagt – jetzt jagen wir sie, hahaha …! Die Zeiten haben sich geändert! Karoscho!"

Sie haben den rettenden Wald erreicht. Außer Atem vom Laufen hocken sie sich in den Schnee und verschnaufen. Willis Hose ist auf der rechten Seite von der Wade bis zum Oberschenkel herauf aufgerissen. Er spürt es erst, als die Kälte ans Bein kriecht.

Emmes ist vor Anstrengung leichenblass geworden. Seit Tagen kein richtiges Essen mehr, nur Anstrengungen, das macht einen Menschen fertig.

Paul Adam liegt auf der Bahre. Er hat die Hände in die Seitenstangen verkrampft und rührt sich nicht. Sein linkes Augenlid liegt halb über dem Auge, und das Auge ist blicklos geworden, schielt lauernd zum Himmel hinauf.

„Du", sagt Willi leise zu Emmes, „der Paul … sich doch mal …!"

Der Schnee, in dem die Bahre liegt, färbt sich rot. Roter Schnee. Immer größer wird der Fleck.

„Tot", murmelt Emmes, als er sich über Paul gebeugt und ihm unters Lid geschaut hat.

Sie schweigen.

Sie schweigen lange und kauern neben der Bahre, auf dem der tote Kamerad liegt. Jetzt hat er es überstanden, und sie brauchen ihn nicht mehr zu schleppen, sie werden jetzt besser vorankommen … vielleicht werden sie sogar Litzmannstadt erreichen.

„Er hat nicht viel gespürt", murmelt Emmes, nachdem er den Toten abgetastet hat. „Zwei Kugeln sind ihm von der Seite her in die Brust g'fahren."

„Keinen Mucks hat er gemacht", flüstert Willi. „Der arme Kerl … jetzt hat er's hinter sich."

Stumm nehmen sie ihre Mützen ab und schauen auf den Toten nieder.

Emmes betet leise ein Vaterunser. Im Brustbeutel trägt er einen kleinen Rosenkranz. Von der Mutter. „Trag ihn immer bei dir", hatte sie damals gesagt, als Emmerich einrücken musste, „er wird dich beschützen, Bub."

Das Vaterunser ist verstummt. Die beiden setzen die Mützen auf.

„Wir müssen ihn begraben", sagt Willi. „Aber wie, Emmes?"

„Im Schnee", murmelt der andere. „Mit der Bahre."

„Aber die Füchse …"

„Wir werden Äste über ihn legen … hol welche. Ich mach ihm derweil die Taschen leer."

Willi Röttger nickt und watet durch den knietiefen Schnee, reißt Äste von den Bäumen und wirft sie auf einem Haufen zusammen.

Inzwischen leert Emmes die Taschen des Toten.

Paul Adam trägt nicht viel bei sich: eine abgegriffene Brieftasche, in der das Soldbuch steckt, ein paar Geldscheine und ein Foto. Es zeigt ihn als Musiker; er sitzt im dunklen Anzug am Klavier und lächelt.

Jetzt lächelt er nicht mehr. Die einsetzende Totenstarre hat seine Oberlippe leicht hochgezogen. Es sieht aus, als leide der Tote noch an seinen Schmerzen.

Im Wald prasselt es. Der Haufen Zweige wird größer. Mit Schnee überpudert und rotem, gesundem Gesicht kommt Willi heran und sagt:

„Ich denk, es wird reichen, Emmes."

Emmes knöpft dem Toten die Uniform auf, greift ihm auf die Brust und zieht die Erkennungsmarke hervor.

Stumm bricht Emmes sie auseinander und legt die an der Schnur verbliebene Blechhälfte auf die Brust des Toten zurück, knöpft die Uniform wieder zu und steckt die abgebrochene Erkennungsmarke in die Tasche.

Es ist ein schweigsames, düsteres Zeremoniell, das sich am Rande des Waldes vollzieht; es beschließt ein Leben, setzt ihm den Schlussstrich. Ein Soldatendasein ist zu Ende.

Die beiden Soldaten wühlen ein großes Loch in den Schnee, legen Zweige hinein, heben die Bahre darauf und decken Zweige darüber. Dann kommt Schnee darauf, den sie mit den Füßen festtreten. Mit den Händen streichen sie ihn glatt, und dann malt Emmerich Sailer mit einem Stückchen Ast den Namen des Gefallenen in den Schnee:

„Schütze Paul Adam. Gefallen am 17. Januar 1945."

Der Wind wird den Namen auslöschen, und irgendwann wird die Sonne das weiße Grab verzehren.

6

Noch lange folgen die Schatten des Geschehnisses den beiden Soldaten und verleihen ihren bartstoppeligen Gesichtern einen nachdenklichen Ausdruck. Schweigend setzen sie ihren einsamen Weg fort. In den kurzen Rastpausen, die sie dann und wann einlegen, kommt ihnen zu Bewusstsein, dass Paul Adams Tod, so tragisch er auch war, für sie beide eine Erleichterung gebracht hat; man kommt schneller voran, die Bürde ist zurückgelassen worden. So gut es ging, hat Emmes die Stelle, wo Paul Adam liegt, in der Karte eingezeichnet und ein Kreuz hingemalt.

Die Gegend wird bergiger, und der Schnee liegt merklich höher. Aus den Kiefernwäldern sind Fichtenwälder geworden. Manchmal überqueren sie einen Bach, der unter der dicken Eis- und Schneedecke verträumt murmelt.

„Es kommt mir vor", sagt Emmes, „als ob wir die einzigen Menschen hier wären."

„Ja", meint der andere, „so still ist es … nicht einmal die Front hört man mehr."

Das Kriegsgewitter ist verstummt. Eine gläserne Stille hängt in der Luft. Nur wenn ein Baum seine Schneelast abschüttelt, ertönt ein dumpfes, weiches Gepolter.

Die Sonne scheint. Im goldenen Licht steht der

Wald, verzaubert und friedvoll, als gäbe es keinen Krieg, keinen Tod und keinen Menschenjammer.

Gegen Mittag erreichen sie das Ende des Forstes. Der Blick fällt auf freies, verschneites Land. Ein kleines Dorf liegt unweit des Waldrandes.

Mit der Vorsicht gejagter Menschen schleichen die beiden Soldaten durch einen Hohlweg auf das Dorf zu und hören Lärm und Rufen.

„Da muss was los sein", sagt Emmes zu Willi.

„Bloß vorsichtig, Emmes … der Iwan kann im Dorf sein … es hört sich beinahe so an."

Langsam nähern sie sich dem Ende des Hohlwegs. Noch eine Biegung, dann sehen sie das Dorf vor sich liegen. Zwischen den kleinen Häusern laufen Menschen umher und reden aufgeregt miteinander. Ein paar Schlitten und polnische Wagen stehen auf der Straße. Sie scheinen eben erst angekommen zu sein, denn sie werden entladen. Man trägt Bettzeug in die Häuser, Möbelstücke, Kartoffelsäcke und sonstiges, was man mitnimmt, wenn man die Heimat verlassen will.

„Verstehst du das, Emmes?", fragt Willi betroffen.

„Nein", murmelt der andere. „Aber Russen sind's nicht. Es schaut grad so aus, als seien sie von irgendwo zurückgekommen."

„Meinst du, dass wir …?"

„Los, gehen wir hin", sagt Emmes entschlossen. „Ich will wissen, was das zu bedeuten hat."

Zunächst achtet niemand auf die beiden ins Dorf kommenden Männer. Jeder hat mit sich selbst zu tun. Emmes und Willi sehen ein paar weinende Frauen.

Da spricht Emmes einen Mann an. „Was ist denn passiert, Onkel?"

Der Mann starrt die beiden Soldaten an, erkennt sie als Deutsche und beginnt laut zu rufen. Im Nu sind Emmes und Willi von den Dorfbewohnern umringt.

„Ihr seid Deutsche?", wird gefragt.

„Ja, wir sind Deutsche. Warum stehen hier die Fahrzeuge herum?"

Ein bärtiger Mann gibt in einwandfreiem Deutsch Auskunft: Man wollte das Dorf verlassen und nach Westen fliehen, weil tags zuvor eine sowjetische Patrouille hier gewesen sei und zwei jungen Mädchen Gewalt angetan hätte. Ganz Holeschitz, so heißt das Dorf, wollte auswandern und so schnell wie möglich die Grenze des Generalgouvernements überschreiten, aber man sei nicht weit gekommen.

„Auf der Straße nach Litzmannstadt haben uns die Russen angehalten und wieder zurückgejagt", sagt der bärtige Bauer. „Jetzt sind wir wieder da und haben Angst, die Russen kommen zurück und bringen uns um, weil wir vor ihnen davonlaufen wollten."

„Und mich haben sie geschlagen", greint ein anderer Mann und zeigt auf seinen kahlen Kopf, wo blaugrüne Beulen zu sehen sind. „Diese Hunde haben noch mehr von uns geschlagen."

Jetzt reden auch die Frauen und Mädchen auf

Emmes und Willi ein. Jeder will erzählen, was er erlebt hat. Aus jedem spricht die Angst vor einem erneuten Besuch des Feindes.

Das ganze Dorf ist deutsch und besteht aus Neusiedlern, die zum Teil erst während des Krieges aus dem Riesengebirge und von der Neiße her eingewandert sind.

Emmes und Willi sehen sich an.

„Hier bleiben wir erst mal", sagt Willi. „Keinen Schritt mach ich mehr."

Emmes nickt zustimmend. „Ich denk, dass wir hier gut aufgehoben sind." Er wendet sich an einen Mann. „Wo haben euch die Russen zurückgejagt?"

„Zehn Kilometer von hier, auf der Straße nach Litzmannstadt. Alles ist dort voll Russen. Wo du hinspuckst, Russen. Panzer haben sie, Kanonen, ich habe noch nie so viel Panzer und Kanonen gesehen."

„Seid ihr noch mehr?", fragt eine Frau mit bebender Stimme.

„Nein, nur wir zwei, Oma", antwortet Willi.

„Keine mehr im Wald drüben?", fragt ein anderer.

„Wenn ich's sag, Leute – wir sind ganz allein. Wir rennen schon vier Tage herum und haben heute Morgen einen Kameraden im Schnee begraben."

Die Leute schauen mitleidig die Soldaten an. Die alte Frau weint in die Hand hinein. Ein junges, verängstigt aussehendes Mädchen legt den Arm um die alte Frau und sagt:

„Ist ja alles gut, Muttl, ist ja alles wieder gut.

Wir bleiben da … der Russe kommt nicht mehr wieder … nein, bestimmt nicht."

Da tritt eine andere Frau vor und sagt zu Emmes: „Kommt zu mir. Bei mir könnt ihr bleiben. Ich gebe euch zu essen. Ihr seht ja ganz verhungert aus."

„Danke", sagt Emmes.

Da schlägt ihm jemand auf die Schulter und ruft: „Zu uns könnt ihr auch kommen, Kameraden. Wir haben genug Platz, und zu essen ist auch da."

Jeder will die beiden Soldaten bei sich haben. Es fällt Emmes und Willi nicht leicht, sich zu entscheiden. Die Leute stehen alle noch unter dem Eindruck des Geschehnisses; sie haben Angst, dass die Russen wieder kommen und das kleine Dorf von unten nach oben umkrempeln und groben Unfug anrichten.

Schließlich ist es ein junger Bauer, der Emmes und Willi in sein Haus schiebt.

„Hier könnt ihr bleiben, Kameraden", sagt er. „Wenn Russen kommen, sagen wir's euch rechtzeitig."

Es ist ein Ehepaar, bei dem die beiden Quartier bekommen; sie ist in andern Umständen und erwartet das erste Kind; er ist blond, blauäugig und hat einen Gehfehler.

„Bin in der Jugend vom Heuboden gefallen", sagt er zu Emmes, „und hab mir den rechten Beckenknochen gebrochen."

„Ihr wolltet auch weg?", erkundigt sich Willi.

„Ja, aber wir sind nicht weit gekommen. Der

106

Russe hat uns mit Fußtritten und Gewehrkolben zurückgejagt. Die Tochter der Nachbarin ist …"

„Sei still, Peter", bettelt die junge Frau und hält sich die Ohren zu. „Nicht mehr davon reden."

Sie reden nicht mehr von dem Entsetzlichen, sie tischen den Gästen Essen auf, und die Frau richtet in der Kammer das Bett her. Zwei Betten stehen bereit. Betten! Es ist eine Ewigkeit her, dass Willi und Emmes in einem Bett geschlafen haben.

Satt und zum Umfallen müde erheben sich die Freunde vom Tisch und gehen in die Kammer.

„Sollten Russen kommen", sagt Emmes zu dem jungen Bauer, „dann sag es uns rechtzeitig. Wenn sie uns bei euch finden, könnt' es euch auch schlecht gehn."

„Wir passen schon auf, Kamerad", erwidert der junge Bauer und schließt die Kammertür hinter sich.

Willi gähnt laut. Dann kracht die Bettstelle, und der sauerländische Schlossergeselle streckt die müden Glieder mit einem erlösten Seufzer.

Auch Emmes hat sich hingelegt. Nur die Filzstiefel haben sie ausgezogen, und die Waffen liegen griffbereit. Man muss ja damit rechnen, dass man ganz schnell auf dem Sprung sein muss, weil eine russische Patrouille kommt.

„Mensch, Emmes", ertönt Willis Stimme aus der Dunkelheit, „ein Bett … stell dir vor: Wir liegen in einem Bett. Ist das nicht wunderbar?"

„'s Höchste", murmelt Emmes, schon halb hinüber. „Hoffentlich … stört uns niemand."

„Die passen schon auf … die sind schwer in Ordnung …" Willi brabbelt noch etwas, dann schläft er ein.

Nichts passiert in dieser Nacht. Es kommen keine Russen ins Dorf. Posten, die man aufgestellt hat, hätten das Nahen einer Patrouille gleich gemeldet – allein schon, damit sich die jungen Mädchen in Sicherheit bringen können. Aber auch diese dürfen ungestört schlafen oder von bösen Vorstellungen träumen, von Gewalt und Demütigung durch wild aussehende Kaukasier und schlitzäugige Mongolen.

Am nächsten Morgen hüllt dichter Nebel das Land ein. Jedes Geräusch erstickt. Zäh und undurchdringlich liegt er über dem kleinen Dorf.

Emmes und Willi haben wie die Murmeltiere geschlafen. Niemand riss sie aus dem Schlummer. Als sie endlich aus der Kammer herauskommen, eröffnet ihnen die junge Bäuerin, dass sie in der Waschküche den Kessel angeheizt habe, und dass die Gäste sich gründlich restaurieren könnten.

Das Bad in der Waschküche ist die gleiche Wohltat wie das Bett, in dem man geschlafen hat. Handtuch, Seife und eine Wurzelbürste liegen bereit. Die Bartstoppeln verschwinden, zwei sich wie neu geboren fühlende Soldaten betreten die Stube und setzen sich an den Frühstückstisch.

Die Augen gehen ihnen über. Da duftet Milchkaffee in einer Kanne, da liegt weißes Brot, da gibt es goldgelbe Butter und grünen Honig, wie ihn die Bienen aus dem nahen Wald zusammentragen.

„Esst nur tüchtig", sagt die Bäuerin; sie will Anna genannt werden, und er, der sich mit an den Tisch setzt, Franz. Während die beiden einzuhauen anfangen, erzählt Franz, dass die Sowjets um ganz Warschau aufmarschiert und schwere Kämpfe im Gange seien. Überall ständen Russen, auf allen Straßen und in den Ortschaften weiter westlich.

„Ihr kommt nicht durch", sagt Franz. „Bleibt lieber hier und wartet, bis alles aus ist. Es wird ja nicht mehr lange dauern, dann haben sie den Krieg gewonnen."

Schweigend essen die Soldaten. Emmes schüttelt den Kopf. „Wir müssen weiter, Franz."

„Ihr seid ja verrückt, Kameraden. Der Russe schnappt euch im nächsten Dorf."

„Wir wollen's drauf ankommen lassen", murmelt Willi und tauscht mit Emmes einen Blick des Einverständnisses. „Wir haben bis jetzt Glück gehabt – wir werden es, hoffentlich, auch weiterhin haben."

„Dann zieht wenigstens Zivilklamotten an", rät der junge Bauer. „Ich geb euch welche. Da fallt ihr nicht so auf."

„Dank dir schön, Franzl", sagt Emmes freundlich. „Aber es ist gescheiter, wenn wir unsere Klamotten anbehalten. Wenn wir doch das Pech hätten, dem Russen in die Hände zu laufen, erschießt er uns als Spione, wenn wir Zivil tragen."

Der Bauer wiegt den blonden Kopf und nickt. „Da habt ihr auch wieder Recht. Macht es, wie ihr denkt, Kameraden."

Dann erzählt Franz Domak, wie es war, als man hier angesiedelt wurde. Die Arbeit habe allen Freude gemacht. „Es ist ja das Unsere gewesen, was wir aufgebaut haben", sagt er. „Solange ihr da wart, war's gut, aber jetzt seid ihr fort, und der Russe kommt. Jetzt ändert sich alles."

„Ihr werdet euch auf den Kommunismus umstellen müssen", sagt Emmes. „Im Grunde genommen ist's das Gleiche, was Hitler gemacht hat."

Der junge Bauer wiegt den Kopf.

„Arbeiten müssen wir immer", sagt er, „aber es kommt für uns drauf an, dass wir freie Bauern sind. Jetzt wird die Kolchosenwirtschaft anfangen, und die Kommissare und Funktionäre passen auf, dass wir abliefern. Bisher haben wir genug für uns gehabt, das wird jetzt wohl anders kommen. – Deshalb wollten wir fort von hier, aber es ist uns nicht gelungen. Dableiben müssen wir, uns ducken und die Bilder von Stalin und Lenin in unsere Stuben hängen."

Franz Domak weiß genau, was den Bauern in Polen bevorsteht – er weiß es und die andern Siedler auch. Dieses Wissen macht die Menschen hier nicht froh. Mit dem verlorenen deutschen Sieg, an den sie Jahre lang geglaubt haben, haben auch sie Hoffnung und Zuversicht auf eine bessere Zukunft verloren. Aber noch ist alles ungewiss. Man wird sehen, was die nächste Zeit bringt.

„Ich zeig euch jetzt den Weg, den ihr einschlagen müsst", sagt Franz Domak, als die beiden Soldaten aufbrechen. „Ich gehe ein Stück mit euch,

110

Kameraden. Bloß auf der Straße müsst ihr vorsichtig sein, obwohl die Russen nicht viel herumfahren. Sie haben Angst, noch irgendwo auf deutsche Soldaten zu stoßen."

„Sind in letzter Zeit hier welche durchgekommen?", fragt Willi.

Domak sagt, dass es viele gewesen seien, und allen habe man weitergeholfen. „Es ist das Einzige, was wir noch für euch tun können, Kameraden", bemerkt er traurig.

Der Abschied von den netten Leuten fällt den beiden schwer. Als sie aus dem Haus treten, kommen von allen Seiten Menschen angelaufen und bringen Eier, Brote, Speck.

„So viel können wir net tragen", lacht der Steiermärker. „Vergelt's Gott halt … macht's gut, Leutln! Haltet den Kopf hoch und verliert den Mut net. 's wird schon weitergehn."

Ein allgemeines Abschiednehmen beginnt. Jeder gibt den Scheidenden noch einen Rat oder einen Segensspruch mit auf den Weg. Dann gehen sie, winken noch ein paar Mal zurück und folgen dem hinkenden Bauern.

Er führt sie in südwestliche Richtung, zeigt ihnen den Weg im Wald und erklärt ihnen alles, so gut er es nur weiß.

„Nicht auf die Straßen, Kameraden", rät er noch einmal, dann reicht er ihnen die Hand. „Gott mit euch. Grüßt Deutschland von uns! Vergesst uns nicht, wenn's doch noch anders kommen sollte."

„Wir vergessen euch nicht! Tschüss!"

Willi Röttger und Emmerich Sailer gehen allein weiter. Der junge Bauer bleibt zurück und schaut ihnen lange nach. Dann kehrt er seufzend um und hinkt in sein kleines Siedlerdorf.

Der Nebel hat sich etwas aufgelockert, aber als es auf den Spätnachmittag zugeht, verdichtet er sich wieder.

Emmes und Willi haben den Waldweg schon längst verloren und folgen einem Wildwechsel; er führt über Lichtungen und hört schließlich auf.

Ein Schwarm Krähen krächzt im Nebel. Irgendwo im Unterholz knistert und knackt es leise, als huschten Geister davon. Wild ist es, das vor den Menschen flieht, die in ihr Revier eingedrungen sind.

„Machen wir Pause", sagt Emmes und setzt sich in den Schnee, lässt den prall gefüllten Rucksack von den Schultern gleiten und schnürt ihn auf.

Sie haben reichlich zu essen. Zwei große Brotlaibe, ein paar Speckseiten und eine Menge in Zeitungspapier und in eine Schuhschachtel gepackte Eier. Anna Domak hat auch nicht vergessen, ein Fläschchen Kornbrand einzupacken, das Emmes jetzt mit andächtiger Miene aus dem Rucksack zieht und zeigt.

„Willi – da schau her: Schnaps. Die Leutl san wirklich großartig gewesen."

„Eben Deutsche", murmelt Willi, „ein Jammer, dass es ihnen jetzt so dreckig gehen wird. Den Hitler soll der Teibl hol'n!"

112

Sie beginnen zu essen. Es schmeckt ihnen schon wieder, da sie bereits vier Stunden marschiert sind.

„Jetzt haben wir's nimmer weit nach Litzmannstadt", sagt Emmes. „Wenn wir aus dem Wald raus sind, müssen wir wie die Luchs' aufpassen, denn ich rechne damit, dass wir bald irgendwo auf russische Stellungen stoßen."

„Man hört nichts", sagt Willi kauend. „Wenn die Front nicht mehr weit ist, müsste man doch was hören."

„Der Nebel ist dran schuld. Im Nebel hört man immer schlecht. Ich weiß das von daheim. Wenn im Berg der Nebel hängt und du dich verstiegen hast, kannst stundenlang schreien, ohne dass jemand dich hört." Emmes spricht von seinen Bergen, und darüber vergisst er, wo er sitzt. Schließlich sagt er: „Ich will wieder heim, Willi … ich werd mich nie fangen lassen. Gefangenschaft wär für mich schlimmer als der Tod."

„Das sagst du jetzt", grinst Willi, „letzten Endes willst du ja doch leben, und dann … dann hebst du die Hände übern Kopf, wie es schon viele von uns gemacht haben."

„Ich nicht", murmelt Emmes, und plötzlich hat er die 08 in der Hand, wiegt sie und vollführt damit eine Bewegung zur Schläfe. „Dann lieber so …"

„Steck das Ding weg", murmelt Willi. „So lange ich mit dir laufe, wirst du das nicht machen, hörst du!"

Emmes lässt die Pistole verschwinden; er lächelt.

„Es ist noch net so weit, Spezl. Ich glaube fest

113

daran, dass wir es schaffen werden. – So, und darauf genehmigen wir uns jetzt ein Schluckl Schnaps." Er entkorkt die Flasche, riecht an dem Schnaps, nickt und sagt: „Auf den Franz und seine Frau." Dann nimmt er einen Schluck und hustet. „Kollege, das ist vielleicht ein Zeug … das reißt ja Löcher in d' Hosen."

„Lass mal schmecken", sagt Willi und nimmt ihm die Flasche aus der Hand, trinkt und macht dann laut Aaah. „Ein feiner Schnaps", sagt er. „Aus Korn wahrscheinlich."

„Kornschnaps, ja", nickt Emmes und nimmt Willi die Flasche weg. „Heben wir ihn uns gut auf für Notzeiten."

„Als wenn wir sie nicht schon hätten", grinst Willi.

„Sie können schlimmer werden", bemerkt Emmes und packt die Flasche wieder in den Rucksack, schnürt ihn zu und horcht dann in den Nebel.

Es ist nichts zu hören.

„Auf", befiehlt der Steiermärker mit Schwung, „gehn ma, kalt is a net."

Gestärkt und frischen Mutes brechen Emmerich Sailer und Willi Röttger auf. Der Nebel verschluckt sie, und nichts verrät, dass hier zwei Soldaten gesessen haben, als zwei Mulden im Schnee und eine Doppelspur, die ins graue Ungewisse führt.

Es ist Nacht geworden. Eine kalte, nebelige Nacht und deshalb für die zwei Wanderer besonders gefährlich.

Irgendwo weit vorn muss Litzmannstadt liegen.

114

Im Dunkel. Im Nebel, der wie ein feuchter Lappen die heißen Gesichter berührt.

Die beiden bleiben alle Augenblicke stehen und horchen gespannt, aber sie hören nichts, was darauf schließen ließe, dass um die Stadt gekämpft wird.

„Wie weit ist's denn noch?", wispert Willi, als stünde ringsum der Feind.

„Der Karte nach nur noch vier oder fünf Kilometer", erwidert Emmes ebenso leise. „Ich kann mich aber auch verrechnet haben, Willi. Jedenfalls muss irgendwo dort vorn Litzmannstadt liegen."

„Dass man so gar nichts hört. Komisch ist das schon, sehr komisch. Sind die Unsern vielleicht schon wieder raus und weg?"

Der Steiermärker schweigt. Auch er wird von dem Gedanken gepeinigt, dass Litzmannstadt geräumt wurde und in der Hand der Sowjets ist.

„Gehn wir weiter", sagt Emmes und setzt sich in Bewegung. Schleichend. Horchend. Die Pistole in der Hand. Auch Willi trägt den Karabiner schussbereit.

Plötzlich stolpern sie auf die Straße. Sie ist glatt gefahren. Man sieht nur ein paar Meter weit. Der Nebel ist scheußlich. Er legt sich wie Rauch auf die Lungen und reizt zum Husten.

„Beherrsch dich", murmelt Emmes, als Willi ein paar Mal hüstelt und zwischendurch unverständliche Flüche murmelt.

„Sei ganz stad … Mir kommt's vor, als wär da vorn was."

115

„Na, Litzmannstadt halt", brummt Willi. „Du wolltest doch immer nach Litzmannstadt, du Hammel. Wären wir lieber bei dem Spinner geblieben."

„Kannst ja umkehr'n, wenn du willst." Es klingt nicht böse.

„Werd' mich hüten", kichert Willi. „Jetzt hab ich A gesagt, jetzt muss ich auch B sagen."

Vorsichtig gehen sie weiter. Jeden Moment kann etwas Gefährliches auftauchen: ein deutscher Posten, der ohne Anruf losknallt, oder ein russischer, der den Deutschen vertrieben hat. Die Ungewissheit zerrt an den seit Tagen strapazierten Nerven. Auch Emmes spürt, dass er seine steirische Ruhe verloren hat – dass ihm der Schweiß ausgebrochen ist und das Herz bis zum Hals herauf schlägt.

Willi gibt sich alle Mühe, die tropfende Nase möglichst leise zu säubern. Auch ihm sind die Knie etwas weich geworden, und ein komisches Zittern sitzt drin.

Je weiter sie sich auf der Straße vortasten, umso lockerer scheint der Nebel zu werden. Über der Dunstschicht muss der Sternenhimmel hängen, aber man sieht ihn nicht. Man ahnt ihn nur, weil die Nacht etwas heller wird.

Endlich können sie einen Blick aus dem grauen Dunstvorhang werfen und sehen freies Feld. Geradeaus steht ein großes, kastenförmiges Haus, um das eine hohe Mauer läuft. Undeutlich kann man Bäume erkennen – große, parkähnliche Bäume, die das Haus umgeben.

„Das scheint 'n herrschaftlicher Besitz zu sein", sagt Willi. „Gucken wir es uns mal näher an."

„Bloß vorsichtig", murmelt Emmes.

Sie nähern sich dem Gebäude – der Mauer, und auf einmal sehen sie ein großes, offen stehendes Tor. Dort bewegt sich eine Gestalt.

Die Soldaten bleiben stehen. Was nun? Ist die Gestalt dort vorn nun ein Deutscher oder ein Russe?

„Vielleicht ist's doch einer der Unsern", flüstert Willi.

„Warte hier", raunt Emmes. „Ich schau mal nach. Wenn's knallt, rennst gleich zurück."

„Du bist wohl jeck?", schnauft Willi. „Ich komm mit dir. Mich interessiert's auch, was da vorn los ist."

Sie erfahren es in der nächsten Minute.

Erst sehen sie eine hohe Pelzmütze und einen breiten Buckel, der sich in Bewegung hält. Aus dem langen, dicken Mantel heraus marschieren zwei plumpe Filzstiefel mit dumpfem Ton auf dem Schnee. Dann räuspert sich der mit einer Maschinenpistole bewaffnete Torposten, dreht sich um und – sieht zwei Gestalten vor sich stehen.

„Hey", ruft er, „stoj! Kto idjot?"

Willi zuckt zusammen, reißt den Karabiner hoch, aber da kracht schon ein Schuss.

Emmes hat geschossen. Langsam den Arm hebend, wie am Schießstand, hat er die Pistole gehoben, gezielt und abgedrückt. Der Russe knickt in die Knie, lässt die Maschinenpistole fallen und knirscht einen Fluch.

117

Hinter dem Tor wird es lebendig. Geschrei. Russen kommen aus dem Haus gestürzt und rennen zum Tor, doch als sie dort ankommen, finden sie nur eine hingestreckte Gestalt. „Trewoga!", brüllt jemand. „Alarm!"

Willi und Emmes rennen querfeldein, überspringen einen Bach, keuchen eine Böschung hinauf und hetzen über ein weites Schneefeld. Hinter ihnen peitschen Schüsse. Eine MP rattert ein paar Mal, dann wird es wieder still.

Die beiden laufen aufs Geratewohl. Als Emmes plötzlich einen Hang hinunterkollert und Willi rutschend nachfolgt, bleiben sie im Schnee liegen und keuchen sich die fliegenden Lungen ruhig.

„Mensch … Mensch …", japst Willi, „das hätte aber leicht ins Auge gehen können … Warum … hast du geschossen, du Idiot? Jetzt kann's passieren, dass die Russen hinter uns her sind."

„Es ist mir nix anderes übrig geblieben … als zu schießen", schnauft Emmes. „Wären wir davongelaufen, hätte der Russe geschossen."

Dieses Argument leuchtet Willi ein. „Revanche für den Paul", sagt er, und dann: „Los, pack die Flasche aus, ich muss einen Schluck trinken."

Emmes zerrt den Rucksack vom Buckel und holt die kleine Schnapsflasche heraus. Jeder nimmt einen tiefen Schluck. Sie haben ihn sich verdient. Haarscharf ging's wieder einmal am Tod vorbei.

Zehn Minuten rasten sie. Sie hocken in einer Mulde. Der Nebel kriecht wieder heran und hüllt alles ein.

118

„Ich bin ziemlich fertig", sagt Willi. „Schaun wir, dass wir irgendwo unterschlupfen können."

Als sie die Mulde hinter sich gelassen haben und flaches Gelände betreten, behindert der Nachtnebel die Sicht. Emmes muss oft den Kompass benützen, um die Richtung nicht zu verlieren.

Plötzlich bleiben sie wie auf Kommando stehen. Aus der Richtung, in die sie marschieren, ertönt fernes MG-Feuer. Dann bautzt es ein paar Mal rasch hintereinander.

Willi packt den Arm des Freundes und presst ihn krampfhaft. „Du ... das ist die Front!", jubelt er leise. „Die Front! Da vorn irgendwo sind die Unsern! Wir haben es geschafft, Emmes! Geschafft!"

„Plärr net so", erwidert der Steiermärker. „Wir haben's noch lang net geschafft. Noch rennen wir zwischen dem Russ' umanander. Es wird net leicht sein, ein Loch zum Durchschlupfen zu finden."

„Wir finden es, Emmes. Hauptsache, wir haben die Unsern eingeholt."

„Stehen aber noch 'n End weit ab", sagt Emmes. „Wenn da vorn Litzmannstadt liegt, sind die Unsern nicht mehr in der Stadt, sondern schon westlich draußen."

„Du meinst, dass sie Litzmannstadt schon aufgegeben haben?" Willis Stimme klingt kleinlaut.

Der andere schweigt.

Sie stolpern weiter und wollen sich freuen, aber sie freuen sich nicht, dass sie die kämpfenden Kameraden, wenn auch nicht erreicht haben, so doch hören können. Etwas Unbestimmbares liegt noch

119

zwischen hier und drüben – etwas, was man nicht definieren, nur spüren kann.

Die Flucht verlief bisher gut, wenn man von den Zwischenfällen absieht. Jetzt aber scheint die Lage erst richtig kritisch zu werden.

Ganz plötzlich taucht aus dem verschwommenen Grau der Nacht das nächste Hindernis auf. Wie aus dem Boden gewachsen steht eine regungslose Gestalt vor den beiden Soldaten. Sie werfen sich flach hin und rühren sich nicht, starren nach vorn, wo jemand steht. Ein russischer Posten?

Der Boden, auf dem sie liegen, ist von Panzerketten zerwühlt.

„Der rührt sich net", raunt Emmes dem Willi zu. „Noch hat er uns net g'spannt ... Leise zurück ... ganz leise."

Die Gestalt dort vorn steht noch immer unbeweglich.

„Du", flüstert Willi, „das ist doch nicht möglich ... Schau'n wir doch mal ..."

Leise erheben sie sich. Die Waffen im Anschlag gehen sie auf die Gestalt zu. Plötzlich erkennen sie, was los ist: Das da vorn ist ein Soldatenstandbild; es steht am Eingang des Heldenfriedhofes von Litzmannstadt.

„Der tut uns nix", lacht Emmes.

Einen Blick auf die vielen Grabreihen werfend, gehen die beiden Soldaten an den Opfern des Krieges vorüber.

Es ist Mitternacht geworden. Vergebens halten Emmes und Willi nach einem Versteck Ausschau.

Der Nebel verdichtet sich wieder und flößt den beiden Soldaten Unsicherheit ein. Noch immer hält Emmes Richtung Westen. Litzmannstadt muss doch gleich auftauchen – die ersten Häuser, aber es tauchen keine auf. Die beiden spüren jetzt, dass der Boden sanft ansteigt.

„Der Nebel hört auf", sagt Emmes. „Wir müssen bald Litzmannstadt sehen können."

„Litzmannstadt, Litzmannstadt …", äfft Willi leise nach. „Ich werde den Namen dieser Stadt nie vergessen … mein Lebtag nicht, das ist sicher."

Ganz plötzlich hört der Nebel auf. Emmes und Willi sind auf einem Hügelrücken angelangt. Noch ehe sie sich umschauen können, steigen weiter unten Leuchtkugeln auf und verbreiten ein zitterndes, kaltes Licht. Zugleich fährt den beiden ein heißer Schreck durch die Glieder.

Keine hundert Meter vor ihnen bewegen sich Gestalten. Russen sind es. Ein Ratsch-Bum-Geschütz steht da, um das ein paar Russen herumlaufen. Sie reden laut miteinander. Ein kehliges Lachen flattert heran.

„Leise zurück", raunt Emmes, sich duckend. „Vorsicht! Langsam, dass sie uns nicht bemerken."

Da steigen zwei Leuchtkugeln auf und schleudern ihr grelles, gelbliches Licht in die Nacht. Jede Einzelheit muss in diesem Augenblick zu erkennen sein, jeder Punkt im Gelände.

Da brüllt auch schon ein Russe. Seine Stimme überschlägt sich vor Erregung:

„Stoj! … Propusk! – Parole!"

„Los – weg jetzt", zischt Emmes und beginnt, den Weg zurückzulaufen, den sie eben erst gekommen sind. Willi springt hinter ihm her.

„Stoj! … Stoj!", gellt es hinter den flüchtenden Soldaten. Dann prasselt eine Maschinenpistole. Gewehrfeuer patscht. Die Geschosse zirpen den Laufenden dicht um die Köpfe und klatschen in den Boden.

Der Nebel, den die beiden so verflucht haben, soll ihnen jetzt zur Rettung werden. Verfolgt vom Pfeifen und Zischen der Kugeln, rennen sie in die graue Wand hinein und verschwinden in ihr. Hinter ihnen wird noch immer geschossen und gebrüllt.

Emmerich Sailer und Willi Röttger waren in eine sowjetische Absperrlinie geraten, in eine Ratsch-Bum-Stellung. Von Süden nach Norden verläuft hier die russische Stellung, und in Litzmannstadt sind sowjetische Infanteristen noch dabei, die Stadt von den letzten Resten deutscher Truppenteile zu säubern.

Wo und wie die genaue Frontlinie verläuft, wissen die beiden Versprengten nicht – nur eines wissen sie: Sie haben die Front erreicht, und es wird schwer sein, irgendwo eine Lücke zu finden.

Weit ist der Bogen, den sie jetzt einzuschlagen beginnen, um zu versuchen, die russische Absperrlinie in Richtung Osten zu umgehen. Ihr Auftauchen im Schussbereich der russischen Truppen hat allgemeinen Alarm ausgelöst. Denn die Russen wissen, dass noch zahlreiche deutsche Soldaten im

Hinterland herumirren und die sich ständig nach Westen zurückziehenden Kameraden einzuholen versuchen. Aus diesem Grunde sind die russischen Posten auch wachsam und zögern nicht, auf verdächtige Gestalten zu schießen.

Emmes und Willi hasten ziemlich kopf- und planlos durch die Gegend. Der Schreck sitzt ihnen noch in den Gliedern. Sie reden nicht miteinander, man hört nur das Keuchen der überanstrengten Lungen und das dumpfe Poltern ihrer Füße im Schnee.

Dann bleibt Willi stehen und schnauft: „Aus … ich kann nicht mehr. Jetzt setz ich mich hin und mach Feierabend. Es ist mir alles piepegal, Emmes." Mit diesen Worten setzt er sich, nimmt eine Hand voll Schnee und leckt daran. Die Kehle ist ausgedörrt, der geräucherte Speck, den sie gegessen haben, schafft Durst.

„Lass die Schneefresserei", sagt Emmes, „sonst holst du dir den Teufel."

„Dann rück den Schnaps 'raus", sagt Willi.

„Später. Erst suchen wir uns eine Schlafstelle."

Sie schauen sich um. Der Nebel ist dünner geworden; man sieht ziemlich weit. Rechts drüben liegen ein paar Häuser, ein kleines Dorf. Im freien Feld stehen Scheunen und Korndiemen.

„Dort scheint was Passendes zu sein", sagt Emmes. „Komm, Willi, suchen wir uns 'n Hotel mit billigen Preisen."

Zehn Minuten später dringen sie in eine Scheune ein. Die Dunkelheit riecht nach Heu.

Emmes knipst das Blaulicht der Taschenlampe

an und leuchtet herum. Von der Tenne führt eine Leiter auf den Dachboden. Emmes und Willi klettern hinauf und gelangen auf einen Heuboden. Dann ziehen sie die Leiter nach und werfen sich erschöpft ins Heu, wühlen sich ein Doppellager zurecht und strecken die Glieder.

„Willst was essen?", fragte Emmes.

„Nee … der Hunger ist mir vergangen. – Mann … was haben wir wieder mal für Massel gehabt."

„Mehr Glück als Verstand", sagt Emmes, sich behaglich im Heu zurechtwühlend. „Wir müssen ganz dicht vor Litzmannstadt gewesen sein."

„Bestimmt, Emmes. Jetzt wissen wir auch, dass der Iwan in Stellung gegangen ist, also müssen die Unseren nicht mehr weit sein."

„Fragt sich nur, wo – in der Stadt oder schon draußen. Ich denk, wir sind südlich von Litzmannstadt angekommen."

„Ob wir's nördlich mal versuchen?", fragt Willi und gähnt. „Vielleicht ist dort ein Loch."

„Mal sehn, Spezl – jetzt bin ich hundemüd und will schlafen. Es war ein anstrengender Tag."

Sie schweigen. Das Heu raschelt leise, als sie es sich über die Körper zusammenschieben.

Dann wird es still. So still, dass man das ferne Schießen hört.

„Es ist noch immer Rabatz", murmelt Willi.

Schweigen. Emmes schnauft. Dann sagt er leise:

„Wenn man so überlegt, Willi – wir sind doch arme Würstln, werden wie die Hasen gejagt, fechten um einen Bissen Brot, schlafen wie die Landstrei-

124

cher … Es ist nimmer viel übrig von der einstmaligen Gloria der großdeutschen Wehrmacht. Nur noch die Uniform, die uns als Soldaten legitimiert."

„Und von der sind auch nur noch Fetzen da", erwidert der andere. „Mensch, Emmes – wenn unsere Eltern das sähen, wie die uns hier fertig machen! Mein Vater und meine Mutter könnten kein Aug mehr zumachen vor Angst und Sorge."

„Zum Glück wissen sie es net", sagt Emmes.

„Nein, ich habe immer heimgeschrieben, dass es mir gut geht und dass wir alle an den Endsieg glauben."

„Hast du an den Endsieg geglaubt, Willi?"

„Anfangs schon … aber jetzt nicht mehr."

„Zu späte Erkenntnis", sagt der Steiermärker. „Viel früher hätten wir ungläubig werden sollen – schon damals, als jemand im Reichstag mit der Faust aufs Rednerpult gehaun und geschrien hat: ‚Seit heute Früh fünf Uhr fünfundvierzig wird zurückgeschossen!'"

„Und jetzt schießen sie uns zusammen", murmelt Willi.

Schweigen.

Die beiden lauschen dem fernen Gefechtslärm. Jetzt schießt Artillerie. Es hört sich an, als schlüge man wild auf eine riesige Pauke.

„Emmes."

„Mhm?"

„Emmes, hast du gewusst, dass wir den Krieg verlieren würden?"

Der andere schweigt.

„Gib Antwort, Emmes. Hast du's gewusst … oder geahnt?"

„Nein."

„Du hast deiner Mutter also auch geschrieben, dass wir siegen werden?"

„Nein, Willi. Ich hab ihr nur immer geschrieben, dass es mir gut geht."

Willi wälzt sich herum und packt den Freund an der Schulter. „Du, Emmes, was wird aus uns, wenn wir den Krieg verlieren?"

„Schlecht wird's uns gehn … hundsmiserabel. Zerreißen werden sie Deutschland wie eine alte Zeitung. Ihr habt den Krieg angefangen, werden sie schreien. Ihr seid die Verbrecher! Und damit werden sie uns alle meinen, Willi – dich und mich und unsere Eltern. Alle."

„Die können doch nichts dafür, Emmes … und du kannst auch nichts dafür, und ich auch nicht. Wir mussten doch mitmachen."

„Ja, das werden alle sagen: Wir mussten mitmachen. Keiner will's gewesen sein, derweil waren wir es doch alle, Willi."

„Quatsch. Ich hab den Krieg nicht gemacht, mir gefällt er auch nicht." Willi legt sich wieder lang und deckt sich noch dicker mit Heu zu.

Als das Geraschel aufhört, sagt Emmes:

„Net unser Jahrgang ist dran schuld, Willi, sondern der ältere. Unsere Lehrer, unsere Erzieher. Die hätten wissen müssen, wem sie damals ihre Stimme gaben. Damals hätte man die politische Lage noch ändern können, aber sie haben alle Ja gesagt. – Ich war damals noch ein Bub und hab daheim meine Aufgaben gemacht oder Räuber und Schandarm gespielt. Es war mir gleich, was auf der politischen Bühne geschehen ist, ich habe es net verstanden … und du auch net, Willi."

„Nein, keiner", sagt der andere. „Ich war nicht dabei, als Fackeln herumgetragen worden sind; da bin ich noch in die Volksschule gegangen, und hernach habe ich Schlosser gelernt. Mein Meister hat mir nichts von Hitler erzählt, sondern wie man Eisen härtet und Türschlösser einbaut."

„Wir sind 'reingewachsen in den Krieg, Willi, und jetzt müssen wir die Suppe ausfressen, die uns die Alten eingebrockt haben."

Emmerich Sailer und Willi Röttger, zwei abgehetzte, von ihrer Truppe abgekommene Soldaten, vergessen in dieser Stunde, dass sie müde und mit Mühe und Not dem Tode entronnen sind. In einer polnischen Scheune wird es den beiden klar, dass sie drei Jahre lang im Glauben an das Recht Unrecht begangen haben und dafür zahlen müssen. Jetzt schon zahlen, indem sie wie Landstreicher in einer Scheune liegen und ängstlich dem Kanonendonner des Feindes lauschen.

„Mensch", sagt Willi, „es ist besser, wir hören damit auf, sonst verlieren wir noch die Courage. Gib mal die Schnapspulle her, Emmes."

Der andere zögert nicht; er holt die Schnapsflasche aus dem Rucksack, und sie trinken ein paar Schlucke, ohne dass ihnen wohler ums Herz wird.

„Was sind wir doch für dämliche Hunde gewe-

127

sen", seufzt Willi. „Jetzt kommt es wohl so, dass wir daran schuld sein sollen und angespuckt werden. Vielleicht, Emmes … vielleicht wär's doch besser, wir lassen uns gefangen nehmen?"

„Niemals", sagt der andere. „Dann lieber angespuckt werden. Ich will mein Mutterl wieder sehn, Willi, und deswegen werde ich jeden Russen niederschießen, der sich mir in den Weg stellt."

Willi denkt an den Torposten, den Emmes niedergeschossen hat.

„Bei einem ist das leicht, Emmes", sagt er nachdenklich. „Aber wenn es viele werden, dann … dann seh ich schwarz."

„Hast du Angst?"

„Du etwa nicht?"

„Klar, ich hab Angst", sagt Emmes, „und deshalb werde ich mich wehren."

„Und ich auch", murmelt Willi und gähnt. „Hören wir auf jetzt, Emmes", sagt er, „wir ändern doch nichts mit dem Gerede. – Gute Nacht. Angenehmes Flohbeißen."

„Gute Nacht, Willi", erwidert Emmes.

Es raschelt noch ein paar Mal, dann wird es ruhig auf dem Heuboden, und bald verkünden tiefe Atemzüge, dass die beiden eingeschlafen sind.

Ihr Schlaf währt nur kurz. Vor der Scheune ertönen Schritte und leise Stimmen.

Emmes wird als Erster wach und richtet sich auf, hört die Geräusche, greift nach der Pistole und weckt den schnarchenden Nebenmann, der wie von einer Natter gebissen hochfährt.

„Pssst …", zischt Emmes.

Dann hört auch Willi die verdächtigen Geräusche.

Den beiden sträuben sich die Haare. Das Herz fängt wie wild zu hämmern an, das Blut rauscht in den Ohren. Inspiziert eine russische Patrouille die Scheune? Kommt jetzt das Ende?

Die Leiter ist hochgezogen, schießt es Willi durch den Kopf, als er den Karabiner entsichert. Vielleicht suchen sie nur unten herum.

Jetzt ertönt ein Stöhnen, und dann sagt eine halblaute Stimme:

„Legt ihn da her, Kameraden."

In die Scheune sind ein Dutzend deutsche Soldaten eingedrungen. Sie schleppen einen Leicht- und einen Schwerverwundeten mit sich. Versprengte sind es, wie die beiden Soldaten oben am Heuboden.

„Er stirbt uns", sagt eine heisere Stimme, „Herr Feldwebel, er stirbt."

Willi und Emmes sind an die Luke gekrochen und schauen hinunter. Beim huschenden, abgedämpften Schein einer Taschenlampe sehen sie Soldaten, die ein MG absetzen und mit Munitionskästen klirren. Stroh raschelt und wird auf dem Boden ausgebreitet.

„Macht leiser, ihr Heinis!", ertönt eine tiefe, den beiden am Heuboden Horchenden bekannt vorkommende Stimme. „Schubert, du gehst gleich raus und übernimmst die Wache." Die Stimme zählt noch ein paar Namen auf, unter denen Willi und Emmes Kameraden erkennen.

„Ablöse alle halbe Stunde", sagt die Stimme des Feldwebels. „Los, ab jetzt, Schubert. Und penn bloß nicht, sonst reiß ich dir was aus."

Emmes und Willi haben den freudigen Schock überwunden.

„Hallo, Feldwebel Lechner!", ruft Willi aus der Bodenluke herunter.

Erschrockenes Schweigen folgt. Dann Lechner: „Wer ist da?"

„Röttger und Sailer."

„Ich werd verrückt! Los, runter mit euch!"

Das Unglaubliche ist wahr: Sepp Lechner und acht Mann sind da. Man begrüßt sich herzlich, umarmt sich, fragt und antwortet. Emmes berichtet in kurzen Worten von der Odyssee. Dann erzählt Sepp Lechner, dass der Pionierzug schwere Verluste erlitten habe und versprengt wurde. Was aus den anderen geworden ist, ahne er nicht.

„Der Iwan hat uns ganz schön fertig gemacht", sagt Lechner. „Wie viel Tote es bei uns gegeben hat, weiß ich nicht. Wir kamen nur mit Müh und Not aus Rawa und haben uns unterwegs einzeln wieder getroffen. Kurz hinter Rawa ist der Schneider schwer verwundet worden."

Emmes und Willi gehen zu Schneider. Man hat den Schwerverwundeten über siebzig Kilometer weit in einer zusammengeknöpften Zeltbahn mitgeschleppt. Kurt Sommer, ein Nachrichtenmann, hat einen Schulterschuss und konnte sich bis jetzt einigermaßen gut auf den Beinen halten.

„Sani …", lallt der Schwerverwundete, als Willi

130

und Emmes sich über ihn beugen, „Sani … gib mir
'ne Spritze … bitte … bitte eine Spritze … Ich
kann nicht mehr … ich will nicht mehr leben … Es
tut so weh."

Emmes wendet sich an Lechner. „Was hat er?"

„Mordstrumm Splitter im Kreuz. Wirbelsäule
kaputt. Mich wundert's, dass er überhaupt noch
lebt."

„Er macht's nicht mehr lange", flüstert jemand,
„dann hat er seine Ruh."

Der Schwerverwundete rührt sich nicht mehr.

„Habt ihr was zu beißen?", fragt Lechner. „Wir
rennen schon seit zwei Tagen mit leerem Bauch
durch die Gegend."

Emmes packt sogleich seinen Rucksack aus und
verteilt Brot, Speck und Eier. Nur einen kleinen
Teil des Proviantes hält er zurück.

„Gib mir die Schnapsflasche", sagt Willi zu
Emmes.

Emmes zögert, den kostbaren Schatz herzuge-
ben, dann reicht er Willi die kleine Flasche, und
der geht zu Schneider, kniet neben ihm nieder und
sagt leise:

„Komm, Kumpel – da haste was … ist eine gute
Medizin. Schnaps. Riech mal erst dran …"

Schneider hebt mühsam den Kopf. Im schmalen
Schein einer Taschenlampe zeigt sich das eingefal-
lene Gesicht des Schwerverwundeten. Er sperrt
den Mund auf, statt aber etwas zu sagen, entschlüpft ihm ein gurgelndes „Aaaah", und dann
sinkt er zurück. Der Kopf rollt zur Seite.

Schütze Egon Schneider hat ausgelitten.

Das leise Sprechen in der dunklen Scheune verstummt. Lähmendes Schweigen breitet sich aus. Der Krieg trommelt seine schaurige Totenmusik.

Dann hebt sich Lechners markante Stimme aus der Dunkelheit und sagt:

„Tragt ihn hinaus."

7

Trotz Feindnähe und Kanonendonner haben die Soldaten ein paar Stunden geschlafen. Sepp Lechner will weitermarschieren und lässt sich von Emmes und Willi noch einmal erzählen, was sie vor Litzmannstadt erlebt haben, und wo die russische Sperrlinie genau liegt.

„Ihr kommt nicht durch", sagt Willi. „Die Russen passen wie die Schießhunde auf."

Sepp Lechner hört sich alles stumm an. Dann sagt er: „Wir sind jetzt noch neun Mann. Wenn wir die Sperrlinie der Russen vorsichtig abtasten und eine dünne Stelle finden, könnten wir mit einem schwungvollen Angriff durchkommen."

„Mit neun Mann?", lässt Emmes sich vernehmen und schüttelt zweifelnd den Kopf. „Das ist ein Ding der Unmöglichkeit."

„Wir müssen es möglich machen", erwidert Lechner in seiner kurzen Art, „anders kommen wir nicht durch."

„Wir haben noch 'n MG", sagt Brettschneider, ein Gefreiter.

„Und 'ne Menge Handgranaten", ruft ein anderer.

Lechner nickt. „Es wäre gelacht, wenn 's nicht klappte. Eine schwache Stelle werden wir bald herausgefunden haben, und dann nichts wie mit Hurra und Marschmarsch durch die Russen durch. Das war doch schon immer die beste Art der Verteidigung, nicht wahr, Kameraden?"

Emmes und Willi sind von dem einstimmigen Jawohl und Kopfnicken sehr beeindruckt. Sepp Lechner strahlt noch genauso wie früher Sicherheit und Heldentum aus. Er hat seinen Zug immer fest in den Händen gehabt. Aber ob er diesmal den richtigen Befehl gibt, das wagen Emmes und Willi im Stillen zu bezweifeln.

Lechner ist ein zu guter Beobachter, als dass er das Zögern der beiden Obergefreiten nicht merkt.

„Oder habt ihr einen besseren Vorschlag zu machen?", fragt er.

„Einzeln rüber", sagt Willi, als er Lechners Blick auf sich gerichtet sieht. „Als Haufen kommen wir nicht hinüber. Das fällt zu sehr auf."

„Das ist auch meine Meinung", lässt sich Emmes vernehmen. „Einzeln oder höchstens paarweise muss versucht werden, durch die Sperrlinie zu kommen."

„Das habt ihr also vor?", fragt Lechner ohne Groll.

„Ja", sagt Emmes, „wenn Sie nix dagegen haben, Herr Feldwebel. Sie können uns jetzt den Befehl geben, mit euch zu geh'n. Wir tun's. Wenn wir uns aber frei entscheiden dürfen, dann möchten wir, der Röttger und ich, gern beisammen bleiben."

Man sieht es Lechner an, dass er mit sich

134

kämpft. Nur zu gerne hätte er die beiden Obergefreiten bei dem gewaltsamen Unternehmen, andererseits will er ihnen auch keinen Befehl erteilen.

„Hört mal", sagt er ernst, „es ist schon viel befohlen worden in diesem Krieg. Viele sind durch solche Befehle …" Er dreht den Daumen wortlos nach unten. „Wenn ihr meint, ihr kämt auf eure Weise rüber – von mir aus."

„Danke, Herr Feldwebel", murmelt Emmes.

Willi schnäuzt sich. Irgendwie tut es ihm Leid, dass man schon wieder auseinander gehen soll, und für einen Herzschlag lang denkt Willi daran, ob es gut ist, sich Emmes und seinem Vorhaben so mit Haut und Haaren zu verschreiben.

„Wir brechen dann bald auf", sagt Lechner jetzt. „Nur noch den Schneider wollen wir begraben."

Sie haben keinen Spaten, keine Hacke, und der Boden unter dem Schnee ist knochenhart gefroren. Mit dem Seitengewehr stochern sie eine flache Grube, und mit einem Stück Brett kratzen sie die Erdbrocken heraus.

Der Schütze Egon Schneider liegt in der zugeknöpften Zeltbahn, als die Erde auf ihn fällt. Ein stummes Verharren noch, ein regungsloses Dastehen im eiskalten Wind, dann ist auch diese traurige Zeremonie vorbei.

„Ihr könnt euch uns noch anschließen", sagt Lechner noch einmal, als er Willi und Emmes die Hand reicht. „Ihr wisst, dass ich es gern hätte."

135

Emmes lächelt. „Geben Sie uns den Befehl, Feldwebel Lechner."

Da schüttelt Lechner den Kopf, schlägt Emmes auf die Schulter und murmelt: „Dann haut ab!"

„Wir werden Sie nicht vergessen, Feldwebel", sagt Emmes.

„Schreibt mir mal 'ne Angesichtskarte", lacht er.

Rasch nehmen Emmes und Willi von den Kameraden Abschied, dann treten sie in den Windschatten der Scheune zurück. Sie wollen noch den Abmarsch der Gruppe Lechner abwarten.

„Klamotten aufnehmen", ertönt es wie auf dem Exerzierplatz. „Ohne Tritt – Marsch."

Feldwebel Sepp Lechner geht seinen sieben Getreuen voran. Die Maschinenpistole umgehängt, vornübergeneigt, mit langen Schritten – dieses Bild wird Emmerich Sailer und Willi Röttger immer vor Augen bleiben. Ein wackerer Soldat geht seinem Schicksal entgegen, gefolgt von sieben Kameraden, die ihm vertrauen.

„Ob wir einen von denen mal wieder sehen werden?", murmelt Willi, dem davongehenden Haufen nachschauend.

Emmes schweigt. Er zuckt nur die Schultern. „Komm", sagt er dann, „gehn wir."

Die beiden Obergefreiten entfernen sich in der entgegengesetzten Richtung. Bald verschwinden sie in einer Mulde.

Der Morgen ist grau und kalt – ein Tag beginnt, von dem keiner weiß, was er bringen wird.

Der Nebel ist wieder da. In seinem Schutz setzen Emmes und Willi ihren Weg fort. Sie wollen Litzmannstadt umgehen und verfolgen eine Straße, die nach Südwesten führt. Es scheint eine Nebenstraße zu sein, da kein Mensch, kein Fahrzeug auf ihr zu sehen ist.

Der Nebel braut über dem Land. Mal lockert er sich auf, mal verdichtet er sich wieder zu einer zähen, grauen Suppe, in der man kaum zehn Meter weit etwas erkennen kann.

Die Straße führt jetzt durch einen kilometerlangen jungen Kiefernwald.

Kein Laut stört die Stille. Kein Vogelschrei. Es ist, als ob die beiden durch eine Welt marschierten, aus der man alles Leben verscheucht hat.

Emmes hat die Straße auf der Karte gefunden; sie führt nach Pabianice; dieser Ort liegt südwestlich von Litzmannstadt. Dass es sich bei dieser Straße um einen Rückzugsweg der deutschen Truppen handelt, ersehen sie aus den herumliegenden, weggeworfenen oder vergessenen Utensilien des Krieges: Stahlhelme, Gasmasken. Mal links der Straße ein zusammengebrochenes Panjefahrzeug, mal rechts. Dann und wann ein defekter Lkw. Auch zwei Soldatengräber, mit Kreuzen und Stahlhelmen darauf, liegen am Waldrand.

Je tiefer die Straße in den Wald hineinführt, umso öfter tauchen Komplexe auf, die man als Munitionslager erkennt. Verlassene Wachtürme und Postenstände ragen gespenstisch aus dem Nebel.

Als Emmes und Willi aus purer Neugier eines der Lager betreten, finden sie Munition in solchen Mengen, dass ihnen die Augen übergehen.

„Da schau her", brummt Willi, „hier liegt das Zeug in Massen rum und vorn fehlte es. Da hieß es einfach: ‚Nischt da.' Ist das nicht eine Sauerei, Emmes?"

Der andere nickt zustimmend.

Rasch verlassen sie den Ort, auf dem der Tod in mannigfaltiger Art unter vereisten Planen und Strohdecken schlummert.

Rostendes Kriegsmaterial. Millionenwerte. Jeder deutsche Bürger hat dafür bezahlt. Ungezählte Arbeitsstunden sind vertan worden. Der Feind, der zu schnell gekommen ist, kümmert sich nicht um die Beute; er hat sie liegen lassen, er braucht sie nicht, er hat genug davon.

Keine tausend Meter von dem verlassenen Muni-Depot entfernt, von der Straße weg auf einem kurzen Weg zu erreichen, ist ein aus Stacheldraht gefertigtes Tor. Leere Postenhäuschen stehen links und rechts. Im Hintergrund brennt ein hallenähnliches Gebäude nieder. Der Vorplatz sieht verwüstet aus. Ausgebrannte Granaten liegen in Massen herum, leere, deformierte Geschosse.

Es ist eine ehemalige Munitionsfüllanstalt, in der die polnische Bevölkerung unter der Aufsicht deutscher Werkmeister und Soldaten gearbeitet hat. Als der Feind anrückte, hat man den Komplex gesprengt; jetzt brennen die Reste nieder. Das Gerippe der Halle ist schon ausgeglüht. Nur noch da und dort züngeln ein paar verhungernde Flammen an Balken empor. Brandgeruch liegt in der verschleierten Luft, dünner Rauch weht davon.

Emmes und Willi schauen stumm umher. Was sie sehen, ist bedrückend und hoffnungslos. So sieht die ganze Situation aus: chaotisch, ein Schrotthaufen, auf dem die Hoffnungen eines dem Abgrund zutaumelnden Volkes verkohlen.

Und wer ist schuld an diesem Chaos?

Nicht die beiden abgezehrt aussehenden Soldaten, die stumm dastehen und wissen, dass alle Opfer und Entbehrungen umsonst gewesen sind – nicht die, die unter der gefrorenen Erde oder auch nur im Schnee begraben liegen.

Es ist jetzt nicht an der Zeit, über Schuld und Unschuld nachzudenken.

Links drüben, am Rande braungedörrter Kiefernbäume, steht eine Baracke. Ein angeschwärztes Schild verrät, dass dort die Kantine der Füllanstalt gewesen ist. Kein Fenster ist heil, die Tür hängt schief in den Angeln, in den Holzwänden stecken verbogene Granatsplitter, sind Löcher gerissen worden von den explodierenden Geschossen.

„Sehen wir mal nach", sagt Willi, „vielleicht finden wir dort was Brauchbares." Er denkt dabei an Alkohol, gleich welcher Art.

Neugierig treten sie ein und finden einen völlig verwüsteten Kantinenraum, in dem kein einziges Möbelstück mehr ganz ist. Stühle und Tische sind zu Kleinholz geschlagen worden, die Theke wurde mit Äxten zertrümmert. Das Flaschenregal ist besudelt und voller Flaschenscherben. Scherben, wohin man tritt. Die früheren Bewohner dieses Raumes haben ganze Arbeit geleistet; nichts haben sie heil gelassen, nichts sollte dem anrückenden Feind in die Hände fallen.

„Mann …", murmelt Willi kopfschüttelnd, „die haben hier ja ganz schön geaast."

„Schade, dass ich kein' Foto hab", murmelt Emmes.

Sie suchen herum. Zwischen den Glasscherben liegen ein paar Zigarettenkippen, die Willi mit spitzen Fingern aufsammelt, in einen Fetzen Papier wickelt und einsteckt.

Das ist die ganze Ausbeute. Eine klägliche.

Als die beiden die zertrümmerte Kantine verlassen, hören sie plötzlich ein Schnauben.

Erschrocken zucken sie zusammen. Emmes zieht die Pistole und drückt sich an der Kantinenwand entlang. Auf der anderen Seite steht ein Pferd. Weiß der Himmel, wie es hierher gekommen ist. Der Halfter hängt ihm schief am Kopf, ein abgerissener Zügel schleift am Boden nach.

„Emmes … Mensch, ein Reitpferd!", jubelt Willi. „Wir haben ein Reitpferd!"

Emmes mustert misstrauisch die magere Hippe, und diese wiederum schielt mit hochgezogener Lippe die beiden Soldaten an.

„Das is 'n Teifl", sagt Emmes, „dem trau i net. Guck, wie er schielt, Willi."

„Na ja", meint Willi, „schön ist die Zosse nicht, aber das macht nischt."

Er geht auf das zottige Pferd zu und packt es am Zügel. Dann passiert etwas, was Emmes maßlos erheitert.

Willi versucht vergebens, auf das Pferd zu kommen. Es keilt hinten und vorn aus, es wehrt sich wie ein frisch eingefangener Mustang. Wiehernd steigt es hoch und rudert mit den Hufen herum.

„Verdammtes Biest", schimpft Willi und schlägt dem ungebärdigen Gaul das Zügelende um die Ohren, „wirste wohl! – Sei friedlich, du Schinder! Los … looooos … lass aufsitzen!"

Das Unternehmen, auf den Rücken des Gaules zu gelangen, ist nicht weniger lebensgefährlich, als die russische Absperrlinie zu durchbrechen.

Nach einer Viertelstunde vergeblicher Liebesmüh geben sie es auf.

Der Gaul trabt schnaubend davon – froh darüber, einer Dienstverpflichtung entgangen zu sein; er verschwindet im Wald. Willi und Emmes schwitzen. Jetzt lachen sie. Willis Hosenbein ist noch um ein Stück weiter aufgerissen worden.

„Bind halt ein Stück Schnur drum", sagt Emmes, als Willi wieder zu fluchen anfängt.

Um ein Stück Bindfaden zu finden, gehen sie noch einmal in die verwüstete Kantine hinein und beginnen zu suchen. Die Schnur findet sich, und Willi wickelt sie um das aufgerissene Hosenbein.

„Beeil dich", drängt Emmes, dem es in diesem chaotischen Raum unheimlich wird.

„Und wie weit gedenken der gnädige Herr heute noch zu wandern?", grinst der andere.

Emmes zieht die abgegriffene Landkarte aus der Tasche und studiert sie.

„Mir scheint", murmelt er, „dass die Russ'n schon über Litzmannstadt hinaus sind."

„Wahrscheinlich." Willi verknüpft die Schnurenden, und somit hat er jetzt ein dickes und ein dünneres Bein, aber dafür bläst auch der Wind nicht mehr an den Schenkel. „So, fertig", sagt er und wendet sich an Emmes. „Wo sind wir denn jetzt so beiläufig?"

„Hier …", sagt Emmes und zeigt mit einem abgebrannten Streichholz auf die Karte. Bis Pabianice sind es noch ungefähr fünfzehn oder zwanzig Kilometer."

Während die beiden über die Marschroute debattieren, ertönt draußen ein klirrendes Geräusch.

Emmes und Willi schauen sich erschreckt an. Im Nu haben sie die Waffen schussbereit. Den herumliegenden Scherben ausweichend, schleichen sie zur Tür und postieren sich links und rechts von ihr.

Draußen kommt etwas heran. Ein unterdrücktes Hüsteln ertönt, dann wieder das blecherne Klirren, als schlüge eine Fahrradkette gegen ein Schutzblech.

Die beiden rühren sich nicht, lehnen platt an der Wand neben der Tür, Pistole und Karabiner im Anschlag.

Jetzt ist ein leises Poltern zu hören. Dann kommen gedämpfte Schritte heran.

Emmes und Willi lauern im Halbdunkel der Kantine. Wild klopft das Herz gegen die Rippen.

Der Finger liegt am Abzug. Die Nerven spannen sich zum Zerreißen.

Was kommt jetzt herein? Freund oder Feind?

Ein Schatten verdunkelt die Türfüllung. Langsam taucht ein vermummter Kopf auf, eine mittelgroße Gestalt im knöchellangen Mantel, eine Fellmütze auf dem Kopf.

Die Gestalt tritt ein und bleibt stehen, schaut sich um, atmet heftig, als sei sie ein weites Stück Wegs im Trab gelaufen.

Jetzt geht sie weiter. Die Glasscherben klirren unter den Schritten.

„Halt!", ruft Emmes und zielt der Gestalt in den Nacken. Sie bleibt wie angewurzelt stehen.

„Hände hoch!", befiehlt Emmes, und dann sagt er es auf Russisch: „Ruki werch!"

Die Gestalt hebt langsam die Arme über den Kopf.

Emmes und Willi gehen auf sie zu, schauen ihr ins Gesicht.

„Ach du liebes Bisschen", entschlüpft es Willi.

Auch Emmes starrt entgeistert.

Vor ihnen steht ein Mädchen. Ein blasses, schmales Gesicht schaut zu Tode erschrocken unter der Pelzmütze hervor – zwei aufgerissene, tiefblaue Augen. Der Mund steht halb offen vor Schreck. Dann ertönt eine zitternde Stimme:

„Ihr seid Deutsche?"

„Na klar", sagt Willi und lässt den Karabiner sinken; auch Emmes steckt die Pistole in die Tasche zurück.

„Wo kommen Sie her?", fragt er.

Das Mädchen lässt die Arme sinken. „Aus Demblin."

„Mensch, aus Demblin …", sagt Willi erstaunt.

„Das ist aber 'n ganzes Ende."

„Ich bin mit dem Fahrrad unterwegs … schon seit dem Dreizehnten." Ihre Stimme hat einen warmen Klang. Die Blässe ihres Gesichtes verliert sich. Die Wangen röten sich wieder. Es ist ein hübsches Mädchen, das sich hierher verirrt hat.

„Und ihr?", fragt sie. „Wo kommt ihr her?"

„Aus Rawa", sagt Willi, der sich plötzlich irgendwie freut.

„Mein Freund – Emmerich Sailer ist das …", stellt er vor, „und ich heiße Willi Röttger … Wir sind auch schon seit dem Dreizehnten auf der Tour."

Das Mädchen lächelt jetzt. Es hat schöne, sehr weiße Zähne. „Ich heiße Petra Linge", nennt nun sie ihren Namen. „Mein Gott, was bin ich erschrocken … Ich dachte schon, mein letztes Stündchen wäre da."

Emmes schaut das Mädchen an; er blickt sehr ernst und forschend. „Sie haben, wie mir's scheint, bisher ein unwahrscheinliches Glück gehabt."

Sie nickt und wischt sich mit dem Fäustling über das Gesicht. „Ich bin Nachrichtenhelferin beim vierten Flak-Regiment. Als der Russe angriff, war ich mit einer Kollegin über Land bei einer Polin, die gerade ein Kind bekommen hat. Meine Freundin Maria ist Krankenschwester gewesen", erläu-

144

tert Petra und setzt sich erschöpft auf eine der herumliegenden Kisten. Wieder wischt sie sich mit dem grünen Wollfäustling über das Gesicht.

Die beiden Soldaten schauen aufmerksam das Mädchen an. Jeder von ihnen spürt, dass dieses schmale Ding hier schwere Stunden hinter sich hat.

Sie spricht weiter und schaut zur Tür hinaus:

„Maria ist bei der polnischen Familie geblieben, und ich bin zu meiner Dienststelle zurückgefahren. Ich fand sie nicht mehr ... sie war weg ... Es war schrecklich, Kameraden", flüstert sie.

„Es ist Ihnen fast so ergangen wie uns", sagt Emmes und zieht sich eine zweite Kiste hervor, setzt sich und schaut dem Mädchen in die Augen. „Sagen Sie jetzt um Gottes willen, wie sind Sie eigentlich durchgekommen? – Alles per Rad?"

„Ja", erwidert sie, „alles mit dem Rad. Es war schlimm, aber ich hatte bis jetzt Glück. Sobald ich Russen gesehen habe, bin ich in den Wald gelaufen und habe mich versteckt."

Willi und Emmes wechseln einen Blick.

Dann fragt Willi: „Und wo wollen Sie hin?"

Sie zuckt hilflos die Schultern. „Ich weiß nicht ... nur weg ... Vielleicht treffe ich irgendwo eine Einheit von uns."

Schweigen.

Drei Schicksale sind es jetzt, das eine so schwer wie das andere – doppelt schwer für das Mädchen, wenn es den Russen in die Hände fiele. Daran denken Willi und Emmes; man liest es aus ihren besorgten Gesichtern.

145

Draußen braut noch immer der Nebel. Ekliger Brandgeruch weht herein. Fern und dumpf paukt das Frontfeuer.

„Wisst ihr, wo die Unsern jetzt stehen?", fragt das Mädchen.

„Nicht genau", sagt Willi, „wir waren bereits dicht vor Litzmannstadt, mussten dann aber fix kehrtmachen, weil wir auf den Iwan gestoßen sind."

Petra nickt. Ihre blauen Augen, unter denen die Schatten der Übermüdung liegen, mustern die beiden Soldaten. Petra versteht etwas von Männern. Die zwei sind in Ordnung, denkt sie. Ich kann mich ihnen anvertrauen. Ich bin froh, dass ich sie getroffen habe.

Da erhebt sich Emmes. „Was wollten Sie denn hier?", fragt er lächelnd.

„Ach … ich dachte …" – sie schaut sich um –, „aber hier ist wohl nichts Essbares zu finden?"

„Nee, nicht 'n Fitzelchen", grinst Willi. „Bloß Glasscherben und Dreck."

„Und ich habe einen solchen Hunger", sagt sie leise.

„Wir haben noch was zum Knusen", erwidert Willi und will Emmes den Rucksack von der Schulter streifen, aber Emmes wehrt ab:

„Net hier … suchen wir uns eine bessere Unterkunft." Er wendet sich an Petra: „Wenn Sie wollen, können Sie sich uns anschließen."

Sie nickt hastig und steht auf. „Sehr gern, Kameraden. Allein ist es so … so unheimlich. Aber ich werde euch vielleicht zur Last fallen?"

146

Willi schüttelt so emsig den Kopf, dass Emmes ein Schmunzeln unterdrücken muss.

„I wo", sagt Willi, „keine Spur."

„Sie brauchen keine Angst vor uns zu haben", bemerkt Emmes.

Petra Linge schüttelt den Kopf. „Ihr seid ja Kameraden", sagt sie leise, „wie soll ich da Angst vor euch haben."

„Gut", entgegnet Emmes forsch, „dann gehen wir jetzt."

Draußen lehnt ein altes, vereistes Fahrrad an der Barackenwand. Die Reifen sind aus Vollgummi.

„Es fährt sehr schlecht", sagt Petra, „ich habe mich damit sehr abgeschunden."

„Dann lassen wir den Drahtesel hier", sagt Emmes.

Petra Linge zögert noch einen Augenblick, dann nickt sie zustimmend.

Rasch verlassen die drei den verwüsteten Platz und tauchen im grauen Nebel unter.

Emmes will es noch immer riskieren, die Straße zu verfolgen und somit rascher voranzukommen.

Die beiden Soldaten haben das Mädchen in die Mitte genommen. Petra gibt auf die Fragen ergänzende Auskunft über ihre Person. Sie sei 19 Jahre alt, stamme aus Stuttgart und habe das Lyzeum besucht. Eigentlich wollte sie Kindergärtnerin werden, aber dann meldete sie sich als Nachrichten-Helferin. Ausbildung in Dresden. Dann Marschbefehl an die Ostfront.

„Ich bin erst im November vorigen Jahres nach Demblin gekommen", sagt sie, während drei Paar Filzstiefel im Marschtritt poltern. „Unsere Vorgesetzten waren prima."

„Sind dann aber abgehauen, was?", fragt Willi mit gutmütigem Spott.

„Na ja", sagt sie kleinlaut, „der Iwan war halt so schnell da, und ich war mit Maria in Tschenice. Es ist meine Schuld, dass ich nicht da war."

„Sie wären bestimmt schneller weggekommen als mit dem Fahrrad", witzelt der Willi, worauf sie eine Zeit lang schweigt.

Nach einer Weile fragt Emmes:

„Und Ihre Eltern, Petra? Haben die sofort Ja gesagt, als sie zur Flak gehen wollt'n?"

Sie wirft ihm einen raschen Seitenblick zu. „Der Vater schon, aber Mutsch war dagegen."

„Mhm", brummt Emmes.

Tram-tram-tram-tram … poltern die Schritte auf der schneebedeckten Straße.

Es ist nicht mehr so kalt. Der Nebel verdichtet sich wieder, atmet sich feucht und liegt beklemmend auf den Lungen.

„Hier muss irgendwo Wasser sein", sagt Emmes in den Waschküchendunst schnuppernd.

„Kommt mir auch so vor", sagt Willi.

Das Mädchen wischt sich mit dem grünen Fäustling über das Gesicht.

„Müde?", fragt Emmes besorgt.

„Ein bissl", sagt sie.

Emmes schaut ihr in die Augen. Sie hat schöne

Augen mit langen, dunklen, nach oben gebogenen Wimpern, an denen winzige Tautropfen hängen. Emmes schaut in ein Gesicht, das nicht mehr unwissend ist und dennoch den Schmelz der Jugend hat. Sie erträgt seinen Blick mit der Ruhe eines Mädchens, das schon oft von Männern angeschaut wurde und immer angeschaut werden würde. Ein Räuspern von links, wo Willi steht, beendet das gegenseitige Schauen.

Die Stimme des Steiermärkers klingt plötzlich fröhlich, als er sagt: „Geh' ma noch ein Stück, und such'n wir uns ein gemütlich's Platzerl."

Im Weitergehen trifft Emmes noch ein Seitenblick des Mädchens.

„Wo stammen Sie her?", fragt sie.

Noch bevor Emmes antworten kann, sagt Willi: „Das ist einer von denen, die von uns befreit worden sind. Ein Steiermärker ist er."

„Aus der Nähe von Klagenfurt", ergänzt Emmes.

„Aah, hab ich mir doch gleich gedacht", sagt sie.

Die Waldstraße nimmt kein Ende. Die drei Wanderer wären ihr noch lange gefolgt, wenn nicht plötzlich ein verdächtiges Brummen hinter ihnen laut geworden wäre, das rasch näher kam.

„Weg!", ruft Emmes und springt links in den Wald hinein.

Die anderen folgen hastig. Sie laufen ein Stück und bleiben dann stehen.

Auf der Straße summen Motoren. Lastwagen scheinen es zu sein, denn man hört deutlich das Klirren der Schneeketten.

„Russen", murmelt Willi.

Die anderen nicken.

Eine Stunde lang stapfen sie durch den Schnee. Dann geraten sie auf einen tief verschneiten Weg, der – wie Emmes sofort feststellt – in nordwestlicher Richtung zu verlaufen scheint.

„Dieser Sakramentsnebel …", schimpft Emmes und steckt den Kompass wieder in die Tasche. „Gehen wir hier weiter. Irgendwo werden wir schon was finden, wo wir bleiben können."

Petra stolpert immer häufiger. Sie wehrt ab, als Emmes und Willi sie unterhaken wollen.

„Es geht schon noch", sagt sie, aber man hört es ihrer Stimme an, dass sie am Ende ihrer Kraft ist.

Aus dem Waschküchendunst, der immer ärger wird, knallt es ein paar Mal. Geschützfeuer. Ziemlich weitab, wie Willi feststellt.

„Der Iwan", sagt er, „knallt oft in der Gegend rum, wenn er unsicher ist – und das ist wegen dem Schei … Entschuldigen Sie. Das ist nur wegen des Nebels."

Es ist für Willi wie für Emmes zur Selbstverständlichkeit geworden, mit massiven Soldatenausdrücken möglichst sparsam umzugehen.

Noch eine Weile tapsen sie den Weg entlang; dann erreichen sie eine Lichtung, wie es scheint. Man kann sie nicht ganz überschauen, da der Nebel alles eintrübt. Näher kommend stellen die drei fest, dass hier Fischteiche angelegt sind. Sechs Stück. Rechteckige Teiche. Zugefroren und verschneit.

„Dort!", ruft Willi und deutet nach rechts. „Da ist was, Herrschaften!"

Ein kleines, viereckiges Gebäude steht am Rande der Teiche, mit einem flachen Dach, auf dem der Schnee meterdick liegt. Die kleinen Fenster sind mit Blendläden verschlossen. Willi gelingt es nach einigen Anstrengungen, einen der Blendläden aufzureißen. Dahinter liegt ein vergittertes, vollkommen vereistes Fenster.

Die niedrige Tür ist fest verschlossen. Auch als Emmes und Willi drei Mal mit den Schultern anrennen, weicht sie nicht.

„Das wär doch gekichert", sagt Willi und geht auf einen Schuppen zu, verschwindet darinnen und taucht wenige Augenblicke später wieder auf, eine Eisenstange schwingend.

Jetzt lässt sich die Tür rasch öffnen.

Klamme Kälte fächelt aus dem finsteren Raum. Als sich die Augen an die Dunkelheit gewöhnt haben, sehen die drei Einbrecher einen viereckigen Raum, in dem eine Hobelbank, ein Tisch mit vier klobigen Stühlen und ein kleiner Kanonenofen stehen. An den Wänden hängen Fischereigeräte: Netze, Kescher, Reusen.

„Na prima", lässt sich Willi vernehmen. „Hier bleiben wir, meine Damen und Herren!"

Der Ofen ist augenblicklich das Wichtigste. Emmes entzündet ein Feuer. Holz gibt es genug. Unter den vergitterten Fenstern steht ein Bett. Nur ein Strohsack liegt darauf und ein missfarbener Kopfkeil, aus dem die Matratzenwolle rausschaut.

151

Die drei Menschen sind glücklich. Hier können sie rasten, hier kann man sich endlich einmal gründlich ausschlafen. Im Rucksack steckt noch ein halbes Brot. Auch ein Stück Speck ist da.

„Und fünf Eier haben wir auch noch!", lacht Willi und packt die Esssachen auf den Tisch, den Emmes mit dem Jackenärmel einigermaßen sauber gewischt hat.

Der Kanonenofen bullert und verströmt langsam Wärme. Petra hat sich auf die Bettkante gesetzt und nimmt die Fellmütze ab.

Sie hat langes, blondes Haar, das ihr zerquetscht und platt um den schmalen Kopf liegt; die Locken hatte sie einfach unter die Mütze geschoben; jetzt schüttelt sie sie locker, und sie fallen bis auf die Schultern.

Die beiden Obergefreiten starren das Mädchen wie ein Wunder an. Bis sie merken, dass es ungehörig ist. Rasch wenden sie sich wieder ihrer Beschäftigung zu.

Willi inspiziert einen morschen Schrank und findet in ihm eine Büchse steinhart gewordenes Salz und in einer anderen vertrockneten Pfeffer.

„Pfeffer und Salz, Gott erhalt's", sagt er lachend und setzt die Gewürze auf den Tisch.

„A Pfanndl ist ja auch da", stellt Emmes fest und nimmt eine verstaubte, rußige Pfanne aus einem Regal.

„Was wollen wir mehr, Herrschaften!", jubelt Willi, klatscht in die Hände, reibt sie sich und tanzt wie ein Bär um den bullernden Kanonenofen herum.

Petra kramt in den Taschen, und plötzlich hält sie eine Packung „Juno" und eine kleine Büchse hoch.

„Ich kann auch was beisteuern, Kameraden", sagt sie lächelnd. „Zigaretten und Tee."

„Uns geht's gut", grinst Emmes. „Uns geht's immer besser."

Willi verbeugt sich spaßhaft: „Seit wir Ihre Bekanntschaft gemacht haben, gnädiges Fräulein."

Sie lacht. „Seid nicht so affig."

Eine heitere Stimmung breitet sich aus. Willi hat noch einmal im Schrank herumgewühlt und einen Leuchter mit einem ziemlich langen Stück Kerze gefunden. Die aufgebrochene Tür lässt sich nicht mehr verschließen. Sie wird mit einem dicken Draht verzurrt und zugehalten.

Jetzt wird es mollig warm in der Fischerstube. Petra hat den Mantel ausgezogen und aufs Bett gelegt. Sie trägt Hosen, die sie in die hohen Filzstiefel geschoben hat, dazu die dunkelblaue Uniformjacke der Luftwaffenhelferin, am Ärmel das Zeichen ihrer Einheit.

Emmes und Willi schauen das Mädchen mit den Augen jener Männer an, die schon lange keine deutsche Frau mehr gesehen haben. Sie werden sich dieses Anstarrens bewusst und wenden sich verlegen ab.

„Los, leg Holz im Ofen nach", sagt Emmes.

Petra hat einen Topf gefunden und reicht ihn Willi: „Holen Sie Schnee zum Auftauen, Willi."

Er nickt eifrig, dann sagt er bittend: „Sagen Sie

doch du zu uns, Petra. Wir sind ja alle in derselben Sch …" Er wird rot und besinnt sich. „In derselben Situation", verbessert er.

Sie lacht leise und nickt.

Eine halbe Stunde später sitzen sie am Tisch und essen gebratene Eier, Brot mit dünnen Speckscheiben darauf. Den Teetopf benützen sie gemeinsam. Er wird von Mund zu Mund gereicht, jedes Mal ein „Bitte" und „Danke" auslösend.

Die beiden Soldaten werden immer stiller. Sie wollen es vermeiden, Petra anzuschauen, und tun es trotzdem.

„Hört mal", sagt sie schließlich, „ihr müsst einfach vergessen, dass ich ein Mädchen bin. Stellt euch vor, ich wär ein Kumpel von euch." Sie schaut beide freundlich an.

Und die nicken.

„Ja, das ist gut", sagt Willi.

Emmes schweigt.

Als sie gegessen haben, reicht Petra die Zigaretten herum.

„Mensch", flüstert Willi bewegt und bedient sich mit spitzen Fingern, „'ne Zigarette …" Er riecht daran und rollt verzückt die Augen zur Decke. „Es ist das reinste Fest."

Emmes hält Petra die brennende Kerze hin, und sie raucht an. Dabei kreuzen sich ihre Blicke. Emmes spürt plötzlich ein leises Zittern in der Herzgegend. Was für Augen sie hat! Man könnte sie immerfort anschaun! Es fällt Emmes sehr schwer, Petra für einen „Kumpel" zu halten. Willi hingegen hat sich schon damit abgefunden und beginnt zu plaudern. Erst von daheim, dann, wie er mit Emmes bekannt geworden ist und wie lange man schon miteinander marschiert.

Petra raucht, sie hört aufmerksam zu. Manchmal stützt sie das Kinn in die Hand. Ihr Blick verschleiert sich immer mehr.

„Ich kann dir sagen, Mann", erzählt Willi, „das war vielleicht 'n Ding, wie wir auf einmal vor dem russischen Posten stehn und der uns anruft …"

Petra sinkt plötzlich nach vorn. Ihr blonder Kopf fällt auf den Tisch. Sie ist eingeschlafen.

Willi hält verwundert inne. Emmes nimmt dem Mädchen die noch brennende Zigarette aus der Hand.

„Kleine Mädchen müssen schlafen gehn", murmelt Willi und hilft, Petra auf das Bett zu tragen.

Behutsam legen die beiden Petra hin, decken ihren Mantel über sie, und jetzt zieht Emmes noch seine Tarnjacke aus und legt sie über die Gestalt.

Stumm stehen die Soldaten vor dem schlafenden Mädchen. Ihr blondes Haar rahmt das schmale Gesicht ein, der rote Mund ist leicht geöffnet, die Zähne schimmern.

Willi und Emmes wenden sich gleichzeitig ab, sehen sich an.

„'n hübsches Ding", flüstert Willi. „Wenn sie dem Iwan in die Hände gefallen wäre …" Er bricht ab, wirft noch einen Blick auf Petra und setzt sich dann wieder an den Tisch. Emmes kommt heran. Eine Weile schweigen sie. Dann sagt Emmes leise:

„Willi, ich weiß auf einmal net mehr, wie es weitergeh'n soll. Das Dirndl dort" – er winkt mit dem Kopf zum Bett hinüber – „macht uns all's schwerer, viel schwerer, als es bis jetzt war."

„Wir können sie nicht allein lassen", murmelt Willi, sich Petras Zigarettenstummel anbrennend.

„Nein, das auf keinen Fall", sagt Emmes.

„Ob zu zweit oder zu dritt – ist doch ganz egal, Emmes. Wir werden schon durchkommen."

Emmes schaut gedankenvoll in das ruhig brennende Kerzenlicht. „Blöd ist das schon", sagt er leise, „eine Verantwortung mehr, die uns am Hals hängt. Es wär besser gewesen, wir hätten sie net getroffen."

„Es ist nicht mehr zu ändern, Emmes."

Der andere schüttelt den Kopf. „Na ja", seufzt er dann, „schaun wir halt zu, wie es weitergeht. Irgendwie wird's schon schief gehn. Wir sind ja Kummer gewöhnt, gell, Spezl?"

„Jede Menge", sagt Willi und gähnt. „Sollen wir Wache schieben? Du zwei Stunden, ich zwei Stunden?"

„Ich denk, es wird net nötig sein."

„Ich denk auch nicht", murmelt Willi, dann steht er auf und geht leise zu der Schläferin hinüber.

Ein Fuß schaut aus dem Mantel heraus, ein grüner Wollstrumpf. Klein und hilflos.

Zart deckt Willi den Mantel drüber und legt auch die Tarnjacke besser über die Schläferin. Dabei berührt er etwas Hartes. Er greift in Petras

Manteltasche und holt eine kleine Pistole heraus. Stumm zeigt er sie Emmes. Der kommt leise heran und nimmt die Pistole. Es ist eine „Walther", eine 0,75. Die Freunde sehen sich an. Beide wissen, warum Petra Linge eine Pistole bei sich trägt.

Emmes legt die kleine Pistole neben den blonden Mädchenkopf.

„Geh'n wir schlafen", sagt er dann.

Sie legen noch ein paar dicke Holzscheite in den Ofen und machen sich dann neben dem kleinen, schwarzen Wärmespender auf dem nackten Fußboden lang.

Willi pustet das Licht aus.

Es wird still in der Fischerstube. Der flackernde Feuerschein des Ofens tanzt rot und unruhig an den Wänden. Wärme füllt den Raum und verleiht ihm Geborgenheit.

Bald verkünden tiefe Atemzüge, dass die drei vom Krieg gehetzten Menschen schlafen.

Draußen braut noch immer der Nebel in der Schwärze der Januarnacht.

Emmes, Willi und Petra Linge haben nicht gehört, dass nicht weit von ihrem Asyl russische Fahrzeuge auf der Straße fahren und seit drei Uhr morgens in einem nicht abreißenden Strom in Richtung Westen rollen.

Das Fischerhäuschen liegt nur knapp hundert Meter, durch die Teiche getrennt, von der Straße entfernt. Keinem der russischen Fahrer ist es bisher eingefallen, anzuhalten und das kleine Häuschen zu inspizieren. Das Unheil fährt vorbei, ohne die Tatze zu heben.

Petra schläft so wie immer: auf der Seite liegend, die linke Hand unter die rechte Wange gelegt, den rechten Arm über dem Kopf. Es ist kein Kissen aus Daunen und Damast, das dieser Arm umschlingt, an dem der blaue Uniformärmel hochgeschoben ist und ein schmales Handgelenk freigibt, es ist nur ein speckiges Matratzenpolster, auf dem schon viele verlauste Köpfe geschlafen haben: Fischerknechte, Bauern. Weiß Gott, warum sie sich nicht mehr um ihre Teiche kümmern, in denen die eingesetzten Fische erstickt sein müssen, weil niemand ein Loch ins Eis gehackt hat. Aber vielleicht sind ohnehin keine Fische mehr darin.

Emmes und Willi haben sich an dem inzwischen schon längst erkalteten Ofen zusammengerollt. Wie Hunde liegen sie nebeneinander. Da Emmes seine gesteppte Tarnjacke dem Mädchen als Zudecke gegeben hat, schläft er in der dünnen Uniformjacke, die vom langen Tragen abgewetzt und deren Taschen ausgebeult und eingerissen sind. Dicht an Willi geschmiegt schläft der Steiermärker.

Ihn weckt die Kälte. Aber es ist nicht Kälte allein, sondern ein Geräusch, vor dem man sich zu fürchten gelernt hat: Motoren. Sie brummen ganz nah. So laut, dass ein Beben durch den dunkel gewordenen Raum geht.

Willi grunzt verschlafen, als Emmes sich erhebt und mit lahmen Gliedern zum Fenster hinkt.

Die Scheiben sind dick mit Eis belegt. Die

158

Blendladen liegen davor. Aber man könnte durch die Ritzen schauen, wenn die Fenster nicht so vereist wären.

Emmes kratzt mit dem Taschenmesser die Scheibe frei, und über dieses Kratzen wacht Petra auf und fährt erschrocken hoch. Jetzt hört sie auch das Motorgeräusch.

„Emmes", fragt sie hastig, „was ist das?"

Jetzt saust auch Willi in die Höhe. „Russen?", fragt er.

Emmes späht durch den schmalen Eisschlitz, bekommt ein Stück Straße zu sehen.

Ihm fährt der Schreck so heiß durch die Glieder, dass er einen Schnaufer ausstößt.

„Was ist, Emmes?", fragt Willi herantretend.

Da dreht sich der andere um und sagt gepresst: „Der Iwan rollt auf der Straße. Alles voller Fahrzeuge. Lastwagen und Geschützlafetten."

„Ach du liebe Scheiße", entschlüpft es Willi. Diesmal entschuldigt er sich nicht.

Das Mädchen ist aufgesprungen und wühlt nervös in der Manteltasche. Das Pistolenschloss knackt leise.

„Die Bude hier", sagt Emmes, „steht keine hundert Meter von der Straße weg."

„Gute Nacht, Marie", murmelt Willi.

Emmes schaut zu Petra. Sie steht neben der Tür, die Pistole in der Hand. Das blonde, lange Haar hängt ihr wirr vom Kopf auf die Schultern herab. Ihr schmales Gesicht hat einen entschlossenen Ausdruck angenommen.

159

„Hab keine Angst, Dirndl", sagt Emmes, sich an den Tisch setzend. Er greift nach der Juno-Schachtel und zieht eine Zigarette heraus, brennt sie sich an und stößt den Rauch zischend durch die Zähne. „San s' bis jetzt net 'reingekommen, werden sie's auch weiterhin bleib'n lassen." Er spricht jetzt auffallend stark seinen Heimatdialekt.

Willi weiß, dass Emmes dann sehr erregt ist.

„Die haben's eilig", sagt er, als er einen Blick durch den Schlitz wirft. „Brandeilig haben die's, wie man sieht." Er dreht sich um und geht zum Ofen, bückt sich und kreischt mit dem Eisentürchen.

„Was machst?", fragt Emmes.

„Feuer", sagt Willi. „Saukalt ist's hier. Wegen der Russen will ich nicht frieren."

„Der Rauch!" Petras Stimme klingt heiser. „Willi, die sehen doch den Rauch."

„Es ist lauter trockenes Holz, mein Fräulein", brummt Willi. Er macht ein Feuer an. Es prasselt in dem kleinen Ofen.

„Frühstücken wir", sagt Emmes. Er grinst. „Sei so gut, Petra – tu deine Pflicht und Schuldigkeit."

Auch das Mädchen lächelt. Der Angstzustand weicht, der Schreck verflüchtigt sich. Obwohl auf der Straße die russischen Truppen marschieren, bereitet Petra das karge Frühstück.

Manchmal hört das Brummen der vorbeifahrenden Fahrzeuge auf, aber nur für kurze Zeit, dann rollen wieder neue heran. Schweigend essen die drei Flüchtlinge und lassen den dampfenden Topf Tee die Runde machen.

„Vorn muss wieder allerhand los sein", sagt Willi. „Sicher sind die Unseren wieder zurückgegangen, und wir können ihnen nachrennen, weiß Gott wie weit."

Petra hebt den Kopf. Sie hat das Haar flüchtig aufgesteckt und sieht jetzt wieder ganz anders aus – ein bisschen damenhaft sogar.

Emmes entdeckt, dass sie sich die Lippen geschminkt hat. Er lächelt darüber, und dieses Lächeln teilt sich auch dem etwas blassen Mädchengesicht mit und färbt es rosig.

„Willst du wirklich mit uns kommen, Petra?", fragt er sie.

„Ja, bitte", sagt sie rasch. „Lasst mich nicht allein. Ich müsste dann wirklich …" Sie verstummt.

Emmes weiß, was sie gemeint hat. „Petra", sagt er warm und legt seine Hand über die ihre, „was du vorhast, mach auch ich, wenn's nimmer anders geht."

Sie schaut ihn an. „W … was meinst du?", fragt sie.

Er zieht nur die Pistole, wiegt sie und steckt sie wieder in die Tasche zurück.

Der Willi hat das Kauen am Brotknust eingestellt und runzelt die Stirn. „Ihr seid wohl verrückt, ha?"

„Nein, Willi", sagt Petra zu ihm, „wir sind uns nur über etwas klar geworden."

Willi schluckt den Happen hinunter, würgt noch einen Augenblick daran, und dann sagt er:

„Das ist ja prima … das ist ja ganz prima. Ihr macht mir vielleicht Spaß."

Mehr wird über dieses Thema nicht gesprochen.

Nachdem sie gegessen und noch eine Zigarette geraucht haben, wird beschlossen, aufzubrechen. So ungern sie auch das traut gewordene Asyl verlassen – die vorbeiziehenden Russenkolonnen zwingen sie dazu.

Sie warten ab, bis die Marschkolonne einmal abreißt, dann laufen sie aus dem Haus.

Hinter den Fischteichen beginnt ein Birkenwäldchen. Als die drei es erreichen, brummt auf der Straße schon wieder die nächste Marschkolonne.

Die beiden Soldaten und das Mädchen schauen noch eine Weile hinüber. Jetzt endet die motorisierte Kolonne. Planenüberdachte Pferdefahrzeuge tauchen auf. Der russische Tross oder eine berittene Formation scheint es zu sein. Sie treiben eine Herde Kühe mit, die muhend vorüberzieht. Ein paar Russen springen von ihren Fahrzeugen ab und laufen auf das Fischerhäuschen zu. Laut rufend verschwinden sie in ihm.

„Nun ist's aber höchste Zeit, dass wir uns verkrümeln", lässt Willi sich vernehmen.

Rasch ziehen die drei Fliehenden sich in das Wäldchen zurück und hasten in südlicher Richtung davon.

Es war wirklich höchste Zeit, das Asyl zu verlassen, denn drüben tauchen wieder die russischen Soldaten auf, reden laut miteinander und schauen sich um. Der brennende Ofen und die Spuren eines Nachtlagers haben sie misstrauisch gemacht.

Einer deutet auf die Schneespur, die zum Birkenwäldchen hinüberführt.

„Ach, lass nur, Ilja", sagt einer der Russen. „Wir müssen weiter. Das werden Polen gewesen sein. Haha … vor uns rennen alle davon!"

Lachend und sich mit Schneebällen bewerfend eilen die fünf russischen Soldaten auf die Straße zurück und laufen ihren Fahrzeugen nach.

Sie sind über zwei Stunden marschiert. Das Mädchen hält sich gut an das Tempo. Petra ist Sportlerin, allerdings hat sie nicht für so einen Marsch trainiert, aber sie steht ihn mannhaft durch.

Emmes und Willi sagen ihr das auch. Überhaupt sind die drei sich sehr nahe gekommen. Willi hat sich ganz und gar darauf eingestellt, dass Petra ein „Kumpel" ist. Bei Emmes ist es anders: Er kann sich das nicht einreden, wenn er Petra in die Augen schaut, und deshalb vermeidet er das, so gut es nur geht.

Er ist sehr schweigsam geworden. Petra hat schon längst gemerkt, dass Emmes (sie findet den Namen abscheulich, wendet ihn aber doch an, da Willi den Freund so nennt) das Kommando führt und somit die Verantwortung übernommen hat. Petra hat Vertrauen zu ihm. Ob er ihr rein äußerlich gefällt, darüber konnte und wollte sie bisher nicht nachdenken. Sie fühlt sich zu den beiden gehörig und will ihren Mann stehen.

Wieder erreichen sie das Ende eines Waldes, wieder liegen vor ihnen freies Feld und ein Dorf.

Sie gehen rasch darauf zu. Seit sie mitten in der Gefahr marschieren, haben sie allmählich die Angst verloren. Das Gefühl, ob ein Haus, ein Bauernhof gefährlich oder nicht ist, hat sich bei den Soldaten und dem Mädchen zu einem sicheren Instinkt entwickelt.

Die acht oder zehn Bauernhäuser dort drüben sind ungefährlich. Emmes betritt einen Hof, fährt aber erschrocken zurück, als ihn ein zottiger Hund anspringt und die Zähne fletscht.

Schon hebt Willi den Karabiner, als ein großer Mann aus der Haustür tritt und mit tiefer Stimme ruft:

„Nicht schießen! – Hierher, Lucky! Hierher!" Der Bauer spricht ein hart klingendes, aber gutes Deutsch. Wie die meisten hier. Fast jeder Pole kann Deutsch, zumindest versteht er es. Der Hund lässt von Emmes ab und trollt sich zu seinem Herrn. Emmes grüßt.

Der Bauer nickt nur. Er hat sehr helle Augen, und die mustern die drei Gestalten scharf und rasch.

„Ihr seid Deutsche?", fragt er.

„Ja", sagt Emmes. „Sind bei euch schon die Russen gewesen?"

„Ein paar", lautet die Antwort. „Sie haben gefragt, ob wir deutsche Soldaten versteckten. Wir haben Nein gesagt, und das stimmt auch. Es ginge uns schlecht, wenn wir deutsche Soldaten versteckten."

Das war gleich ein deutlicher, verständlicher Hinweis.

164

Emmes nickt dazu.

„Wir wollen uns nicht verstecken", sagt er. „Wir wollen nur fragen, ob du weißt, wo die Front verläuft."

„Das weiß ich nicht", sagt der Bauer, den Hund am Halsband fest haltend. „Ich habe nur gehört, dass die Sowjets südlich an Litzmannstadt vorbei nach Westen marschieren."

„Ist Litzmannstadt noch in deutscher Hand?"

Der Bauer hebt die breiten Schultern, lässt sie wieder fallen. Willi und Petra haben inzwischen ein paar Gesichter an den Fenstern gesehen. Frauen. Jetzt sind sie wieder verschwunden.

„Ich weiß nichts Genaues", sagt der Bauer. „Ein paar sagen, in Litzmannstadt seien noch die Deutschen, ein paar sagen aber wieder auch, die Sowjets hätten die Stadt schon seit vorgestern in der Hand."

„Danke", murmelt Emmes. „Nett von dir, dass du uns das gesagt hast." Er wendet sich zu den Gefährten um. „Ihr habt's gehört. – Kannst du noch, Petra? Geht's noch?"

„Aber ja", sagt sie mit ihrer hellen Stimme, „prima geht's."

Der Bauer hat aufgehorcht. Wahrscheinlich hielt er den kleinen Dritten auch für einen Soldaten.

Sein kantiges Gesicht nimmt einen freundlichen Ausdruck an.

„Ihr habt ein Mädchen bei euch?", fragt er, auf Petra zeigend, die in den unförmigen Filzstiefeln, dem langen Mantel und der Pelzmütze wie einer der hunderttausend blutjungen Soldaten aussieht, mit denen Hitler die verspielte Partie zu retten versucht.

„Ja", sagt Emmes, „ein Mädchen."

Der Bauer zögert kurz.

„Kommt herein", sagt er dann, „esst etwas und ruht euch aus. Die Russen werden wohl nicht gleich kommen."

In der Stube sitzen drei Frauen. Zwei davon sind noch sehr jung. Sie schauen die Besucher mit runden, neugierigen Augen an.

Der Bauer wendet sich an eine seiner Töchter und sagt etwas in polnischer Sprache, worauf das Mädchen gehorsam nickt, zur Tür geht, ein großes, dunkles Wolltuch vom Haken nimmt, es um die Schultern schlingt und dann die Stube verlässt.

„Setzt euch", sagt der Bauer. „Meine Frau wird euch etwas zu essen geben."

So ist es fast überall: Die Polen sind freundlich, sie helfen nicht nur allein aus Mitleid. Oft hängen sie mit ihrem Herzen an den geschlagenen deutschen Soldaten. Nur ein kleiner Teil der polnischen Bevölkerung ist voller Rachegedanken und paktiert mit den Sowjets. Dies mögen jene sein, die Angehörige verloren haben und Männer, Brüder, Schwestern, die als Widerständler der grauen Wand oder dem Strick verfielen.

Die Bäuerin sagt kein Wort. Stumm tischt sie Brot, Butter, Speck und sogar ein Stück kaltes Bratfleisch auf. Der Bauer setzt sich mit an den Tisch und stellt Fragen. Emmes beantwortet sie, während

166

Willi wie ein Scheunendrescher einhaut und Petra mit dem Anstand einer hungrigen Dame isst.

„Wir sind schon seit dem Dreizehnten unterwegs", sagt Emmes. „Vor Rawa waren wir. Der Russe hat uns überrollt, und jetzt wollen wir versuchen, zu den Unseren zu stoßen."

„Es wird schwer sein."

„Es ist schwer, ja", sagt Emmes, „aber wir hoffen, dass wir es schaffen."

„Versucht es in Litzmannstadt", sagt der Bauer halblaut. „Ich denke, dass ihr dort noch durchkommt."

„Und wohin führt die Straße, die wir gekommen sind?"

„Nach Pabianice und dann weiter nach Zdunska Wola. Dort soll gekämpft werden, hat man uns gesagt."

Unweit des Hofes, in dem die drei Deutschen sich stärken und Informationen für den Weitermarsch holen, steht Manja, die ältere Tochter des Bauern, im Windschatten der Scheune und schaut die Straße entlang. Sie passt auf, ob die Russen kommen. Jeden Augenblick können sie kommen, weil die Hauptstraße nahe ist, auf der sie seit Tagen nach Westen marschieren.

Manja friert. Sie trampelt auf der Stelle und zieht das große Wolltuch fest um die Schultern. Plötzlich macht sie die Augen schmal und schaut die Straße entlang. Dort kommen Soldaten! Sie gehen zu Fuß. Ein ganzer Haufen ist es. Flink läuft sie ins Haus hinein, reißt die Tür auf und ruft aufgeregt:

„Russki … Russki!"

Die drei springen auf.

„Nehmt das da noch mit", sagt der Bauer und schiebt Emmes das Brot und den Speck zu.

Emmes sackt die Gabe schnell ein. Nur kurz ist der Dank, den er bezeugen kann, dann eilen sie fort.

„Dort hinüber müsst ihr!", ruft der Bauer noch und deutet mit dem Arm nach Norden. „Beeilt euch, dass euch die Russen nicht sehen! Gott mit euch!"

Die drei Gestalten laufen in der Deckung der wenigen Häuser über das freie Feld und verschwinden noch rechtzeitig in einer verschneiten Senke.

Die russische Patrouille naht mit Gelächter und viel Lärm. Es sind Soldaten, die nichts Böses vorhaben, solange sie nicht Böses antreffen. Die polnischen Mädchen lachen etwas gezwungen, und eine kreischt auf, als ein Politruk sie in den Hintern kneift.

Sonst passiert nichts. Es braucht ja nicht immer etwas zu passieren, wenn irgendwo russische Soldaten ankommen. Es geht nur laut zu, aber das stört niemanden.

8

Sie zählen nicht mehr die Stunden, die sie unterwegs sind, und sie rechnen auch nicht mehr die Tage nach, seit die Flucht aus Rawa und Demblin begonnen hat. Die Zeit ist unbestimmbar geworden. Sie zerfließt nur, sie wandelt sich in Nacht und Tag. In ewig gleicher Ordnung.

Nur die Menschen sind in Unordnung geraten, zu einem Knäuel zusammengewachsen, in dem gehauen und gestochen und gemordet wird.

Im Wind, der über die Schneefelder streicht, liegt der leise Jammer der geschundenen Menschheit. Er fegt kalt über vergessene, verlorene, weggeworfene Stahlhelme, Gewehre, Gasmasken und all die traurigen Reste, die eine geschlagene, auf dem Rückzug befindliche Armee abstößt.

Petra schläft mit den beiden Soldaten im kalten Strohschober, sie speist mit ihnen das Wenige, das sie sich erbettelt oder von mitfühlenden Menschen geschenkt bekommen haben. Ihr Gesicht ist genauso ungewaschen und von den Strapazen gezeichnet wie das der beiden Freunde.

Emmes und Willi haben sich daran gewöhnt, Petra an ihrer Seite zu haben. Hilfreich und kameradschaftlich sind sie zu ihr, und es ist bereits so weit, dass sie die Begleitung eines Mädchens als eine Selbstverständlichkeit betrachten. Not und ständige Gefahren haben rasch ein Band um die drei geschlungen, das eigentlich nur der Tod zerreißen könnte.

Aber an den Tod denken sie nicht. Unverdrossen kämpfen sie gegen das trübe Geschick. Emmerich Sailer geht voran und sucht den Weg, die Richtung, in der sie das Heil und die Rettung erwarten.

Es ist Nacht, als sie über Felder und Hügel hinweg Litzmannstadt erblicken.

Brand lodert zum schwarzen Himmel empor, Röte flackert dort, wo man Häuser zu finden hoffte, eine feste Front, eine – wie hieß es doch immer –, eine „unbezwingbare Festung", ein Bollwerk gegen die „Rote Flut aus dem Osten".

Näher kommend sehen die drei Menschen, dass die Stadt ihrer Hoffnung ein Trümmerhaufen ist. Sie gehen stumm an langen Gräben vorbei, an deutschen Stellungen, die verlassen sind. Nichts deutet darauf hin, dass sich hier Verteidigungskämpfe abgespielt haben. Der Schnee ist in die Gräben geweht, das Vergessen weht über sie hinweg.

Willi fällt in ein zugeschneites Schützenloch. Er flucht nicht, als Emmes und Petra ihm heraushelfen.

„Nee, so was ...", murmelt er nur, „nee so was ..."

Die Stadt scheint mitsamt ihren Menschen gestorben zu sein. Kein MG rattert, kein Schuss fällt, kein trockenes Bersten zerreißender Handgranaten oder Bellen von Panzerkanonen. Die deutschen Truppen haben Litzmannstadt „geräumt". Geräumt, wie es umwunden und verlegen in der strategischen Sprache zu lauten pflegt und das Volkes glauben soll.

Der Mond hängt im kalten Licht der Sterne und scheint bleich und gleichgültig auf die zertrümmerte Stätte nieder. In lockeren Gruppen tauchen die ersten Häuser auf. Brandruinen oder von MG-Garben zerlöcherte Behausungen. Da und dort leckt noch eine rote Flamme an einem verkohlten Balken- oder Dachrest.

Plötzlich rattert irgendwo in der Stadt ein MG. Dann fallen Einzelschüsse. Wird doch noch gekämpft? Sind doch noch deutsche Soldaten in Litzmannstadt?

Sie stehen und horchen.

Da nahen schleifende Marschtritte.

Die drei verschwinden rasch in einem Trümmerhaufen. Emmes und Willi lugen vorsichtig um die Ecke, und da sehen sie eine Kolonne herankommen. Deutsche. Deutsche Kriegsgefangene.

Im gespenstischen Mondlicht marschieren sie vorbei, mit schleppenden, müden Schritten, in loser Marschordnung, eskortiert von Russen.

„Paschol ... paschol!"

Treibrufe sind es, aus heiseren Kehlen geschrien.

Es ist nur ein geringer Teil einer geschlagenen Armee, der vorbeizieht. Anderswo mögen noch mehr graue Kolonnen nach rückwärts marschieren, vorangetrieben mit „Paschol, paschol! Dawai plen!"

Tram … tram … tram … tram. Die schlurfenden Marschtritte verlieren sich in der Nacht.

Die drei Flüchtlinge schweigen. Sie sind erschüttert, mutlos und tief niedergeschlagen. Hat es überhaupt noch einen Zweck, weiterzugehen? Soll man aufgeben?

Willi lässt eine solche Bemerkung fallen und bekommt von Emmes die barsche Antwort:

„Nix da. Du weißt, was ich mir vorgenommen habe. Wenn du aufgeben willst, dann bleib hier."

„Quatsch!", murmelt der andere.

Sie besprechen sich leise, wohin sie sich nun wenden sollen. Da ertönt plötzlich von irgendwo das Kreischen eines Pumpenschwengels. Wasser fließt in ein Gefäß. Ein Eimer klirrt. Die drei schleichen in Richtung des Geräusches. Hinter dem Trümmergrundstück steht ein kleines Haus in einem verwilderten Gärtchen.

Im Mondschein sieht man eine Frau, die Wasser pumpt und jetzt den zweiten Eimer unter das Rohr stellt.

Als plötzlich drei Gestalten vor ihr stehen, stößt sie einen erschrockenen Laut aus und weicht zurück.

„Sprechen Sie Deutsch?", fragt Emmes die Frau.

„Ja", sagt sie mit bebender Stimme, „ein bisschen."

„Was ist in der Stadt los? Sind noch deutsche Soldaten da?"

„O bosche", stammelt die Frau, „ich weiß nicht … wir hören schießen … alles kaputt in Stadt … o bosche." Sie nimmt die Eimer auf und trägt sie ins Haus.

„Kommt", murmelt Emmes und geht der Frau nach. Willi und Petra folgen ihm.

In der Stube brennt eine Petroleumlampe und beleuchtet ein fürchterliches Durcheinander. Auf dem Tisch stehen Tiegel und Töpfe, liegen Brotreste herum, stinkt ein Schafskäse. Der Ofen raucht. Eine stickige Luft herrscht in dem Raum. Auf dem Sofa liegt ein betrunkener Mann. Am Boden steht eine halb volle Schnapsflasche. Die Frau ruft dem Mann etwas zu, worauf dieser sich aufrichtet und mit glasigem Blick die ins Zimmer tretenden Gestalten anstiert.

Emmes tritt vor. „Können Sie uns sagen, was in der Stadt vorgeht und wo die Unseren sind?"

Der Mann will aufstehen, fällt aber wieder zurück und spreizt die Beine.

„Kaputt", sagt er lallend, „deutsche Soldaten kaputt. Ihr auch bald kaputt, hahaha …" Er lacht betrunken, redet auf Polnisch weiter und gerät in Wut. Es sind hässliche Flüche, mit denen er die verdattert dastehenden Deutschen beschimpft. Schließlich schreit er, dass er die Russen holen würde, wenn die drei nicht auf der Stelle verschwinden.

Emmes hat plötzlich die Pistole gezogen und setzt sie dem geifernden Polen auf den Bauch.

„Dös wirst schön bleib'n lassen, sonst knallt's!"

173

Da ertönt Petras bittende Stimme: „Lass ihn doch, Emmes, gehen wir lieber."

„Ja", sagt auch Willi, „verduften wir, sonst schreit der Kerl uns den Iwan auf den Hals."

Der Pole hat die Arme über den Kopf gehoben. Er grinst widerwärtig und ruft seiner Frau etwas zu, worauf diese mit einem scheelen Blick auf die Deutschen aus der Stube schlüpft. Sie sind hier offenbar an die falsche Adresse geraten. Ein Einzelfall nur, der nicht verallgemeinert werden kann. Viele Polen haben geholfen und waren Freunde in der Not. Dieser hier ist ein Feind der Deutschen.

Die drei verlassen rasch das ungastliche Haus, laufen durch den kleinen Garten, trampeln einen morschen Zaun nieder und hasten eine Seitenstraße entlang, die nach etwa vierhundert Metern auf einem kleinen Platz endet. Ein paar dunkle, kreisförmige Flecken beschmutzen den Schnee: Granattrichter. Zwei bis aufs Gerippe ausgebrannte Fahrzeuge und eine verlassene Pak stehen auf dem Platz.

Nirgends ist jemand zu sehen. Der Mond bescheint mit bleichem Licht den Platz.

Als ein großer Hund lautlos über den Platz schnürt, zuckt Petra zusammen und flüstert:

„Ich hab Angst, Emmes."

Er legt den Arm um sie und drückt die hastig atmende Gestalt des Mädchens.

„A geh, Petra – weswegen denn? Wir passen schon auf, dass wir keinem Falschen in die Hände laufen."

174

„Die Polin, Emmes … die wird die Russen alarmiert haben", flüstert Petra.

„Los, weiter", sagt Willi und übernimmt die Spitze. „Wir müssen weg von hier, so schnell wie möglich."

Im Trab laufen sie an den Häusern entlang und tauchen in einer zweiten Straße unter, die auf ein Fabrikgebäude zuführt. Die Luft riecht nach verbrannten Chemikalien.

Mit größter Vorsicht bewegen sich die drei Gestalten an der Mauer entlang. Plötzlich fährt Willi zurück.

Ein großes Tor ist erreicht. Russische Posten unterhalten sich ungeniert, lachen und scheinen sich des Sieges zu freuen. Drinnen im Fabrikhof hört man Pferdegetrappel und lautes Rufen. Russen. Eine bespannte Einheit hat in der Fabrik Quartier gemacht.

Wieder den Weg zurück! Emmes hat die Führung übernommen. Mehr instinktiv als bewusst sucht er die Richtung, in der das Heil liegt, die geringere Gefahr – das Ziel, an das die drei Menschen noch immer fest glauben. Sie müssen durchkommen. Petra zittert bei dem Gedanken, einem Trupp Kosaken oder Kirgisen in die Hände zu fallen. Auch die beiden Männer überläuft eine Gänsehaut, wenn sie daran denken, was Petra, der tapferen Weggenossin, dem kleinen, mutigen Kerl, zustoßen würde, wenn …

Zwei Mal gelingt es Emmes noch, die anderen beiden ins Dunkel eines Hauses zurückzureißen,

175

weil plötzlich Russen auftauchen. Immer geht die Gefahr vorüber: lachend, schwatzend, in unverständlicher, rau tönender Sprache.

In der Stadt peitschen Schüsse, rasseln MP-Stöße. Wahrscheinlich machen die Sowjets auf versprengte Deutsche Jagd, die sich noch in den Trümmergrundstücken und Häuserruinen herumtreiben.

Die drei Versprengten haben sich offenbar verlaufen. Emmes gibt das auch zu. Karte und Kompass nützen jetzt nichts mehr. Allem Anschein nach befinden sie sich noch immer nicht in Litzmannstadt, sondern in einem Vorort.

„Ruda" heißt er. Die Straßenbahn-Anlage verrät, dass Litzmannstadt in nördlicher Richtung liegt. Die Wagen stehen verlassen auf den Geleisen, zerschossen, ohne Fensterscheiben. Die Oberleitung hängt herab und führt keinen Strom mehr. Überall sieht man zurückgelassenes Kriegsgerät: Wagen, Lkw, Pak, da und dort weggeworfene Gewehre, Stahlhelme, Gasmasken und aufgerissene Munitionskästen.

Noch ist es dunkel, aber bald muss die Nacht zu Ende sein. Emmes, Willi und das immer müder werdende Mädchen müssen sich ein Versteck suchen. Sie wagen es aber nicht, irgendwo anzuklopfen und die Hilfsbereitschaft, die Freundschaft der Einwohner auf die Probe zu stellen. Das Erlebnis mit dem betrunkenen Polen und dessen hinterhältiger Frau ist ihnen ein warnendes Beispiel.

Petra stolpert jetzt immer häufiger. Mit zusammengebissenen Zähnen folgt sie den beiden Männern, die, mit den Waffen in der Hand, abwechselnd ein Stück vorausgehen, horchen, schauen und dann winken oder leise zum Weitergehen rufen. Die Hauptstraße meiden sie, da auf ihr die Sowjets sind, aber auch vor den Seiten- und Nebenstraßen muss man sich hüten. Jeden Augenblick kann es einen Zusammenstoß mit russischen Patrouillen oder herumstreunenden Kosaken geben.

Pistole und Gewehr schussbereit, so tasten sie sich durch stille Wohnviertel, verlassen im Mondlicht liegende parkähnliche Anlagen – an Zäunen und Häuserfronten vorbei, über Straßenkreuzungen hinweg.

Immer tiefer dringen die drei in Litzmannstadt ein, ohne sich entschließen zu können, ein Versteck zu suchen. Jedes Haus stellt eine Gefahr dar. Die Russen streunen in der Stadt herum, teils aus Neugier, teils um Beute zu machen oder deutsche Soldaten zu jagen.

Jetzt laufen die Flüchtlinge durch einen kleinen Park. Vielleicht ist es der ehemalige Kinderspielplatz, den sie erreichen, denn das Gerüst einer Kinderschaukel taucht auf.

Plötzlich prallen sie zurück. Petra stößt einen erstickten Schrei aus und drückt sich ängstlich an Willi. Dunkle, schmale, längliche Schatten liegen auf dem Platz verstreut. Tote. Erschossene Zivilisten, wie Emmes feststellt. Wer hat sie liquidiert? Warum hat man sie umgebracht?

177

Keiner der herumliegenden Toten gibt Antwort auf die stumme Frage.

Es ist ein makabres Bild, das sich hier zeigt. Vom bleichen Mondlicht übergossen, liegen die Toten da: Opfer menschlicher Bosheit, Härte, Gnadenlosigkeit.

Noch stehen die drei in kaltem Schreck und lähmender Unentschlossenheit da, als Stimmen laut werden und Gestalten auftauchen. Waffen klirren. Man hört Lachen und Zurufe.

Was da zwischen den Bäumen auf dem Parkweg auftaucht, sind keine russischen Soldaten – sind weitaus gefährlichere Elemente, die der Krieg gebiert: bewaffnete Polen. In Mänteln, mit Hüten oder Mützen auf dem Kopf, mit Gewehren und Maschinenpistolen ausgerüstet. Von den Russen.

„Schaut nach, wo Deutsche sich versteckt haben", lautet der Befehl. „Rächt euch an ihnen! Macht sie fertig, wie sie euch fertig gemacht haben!"

Und jetzt streunen sie durch die Stadt. Wie Wölfe. Wehe, man fällt ihnen in die Hände! Ein paar sind betrunken und singen.

Die drei haben sich flugs in einem Gebüsch verkrochen. Petra zittert wie im Fieber. Den Kopf an Willis Brust gepresst, den Arm um seinen Hals geschlungen, kauert sie da und fürchtet sich, wie sie sich noch nie im Leben gefürchtet hat.

Auch die beiden Männer halten den Atem an, spüren das Herz schwer und schmerzhaft in der Brust hämmern. Die Angst klopft in den Pulsen, das Entsetzen.

Jetzt verstummt die Horde drüben. Sie hat die umgebrachten Zivilisten erreicht, steht darum herum und schweigt.

Nimmt's wunder, dass diese Menschen dort drüben zu Bestien werden, wenn sie jene erwischen, die dieses Massaker hier vollzogen haben?

Die bewaffneten Polen gehen weiter – gehen ganz dicht am Versteck der drei angstschlotternden Menschen vorüber und verschwinden.

„Los, weiter", sagt Emmes nach geraumer Zeit.

Plötzlich fängt Petra zu wimmern, zu weinen, zu jammern an. Sie ist mit den Nerven fertig, sie will nicht mehr weiter, sie kann nicht mehr.

„Sei net hysterisch", zischt Emmes und packt sie grob am Arm „Nimm dich z'samm!" Er beutelt sie. Da beruhigt sie sich wieder.

„Entschuldigt, bitte …", murmelt sie und lässt sich von Willi aus dem Gebüsch ziehen.

„Dort weiter!", befiehlt Emmes und deutet in die Marschrichtung, geht, die Pistole in der Rechten, voran und hält auf die Häuser zu, die hinter dem Park zu sehen sind.

Der Tod schleicht ihnen als unsichtbare Macht nach, bleibt ihnen immer auf den Fersen und lässt sich nicht abschütteln. Hinter dem Park liegt die Endstation der Straßenbahn. Schon von weitem sehen die drei Flüchtlinge, dass dort drüben zwei russische Panzer aufgefahren sind.

Die Fahrer haben ihre stählernen Ungetüme verlassen und mitten auf der Straße ein Feuer angemacht, über dem sie sich Tee oder sonst etwas kochen.

Emmes, Willi und das Mädchen ziehen sich schleunigst wieder zurück. Immer hoffnungsloser wird das Umherlaufen, immer deutlicher zeigt es sich, dass es hier kein Herauskommen mehr gibt. Ganz Litzmannstadt ist in der Hand der Sowjets. Das Standrecht ist verhängt – abgelöst von dem, das die Deutschen ein paar Tage vorher über die Stadt verhängt haben, als die Rote Armee anrückte.

„Ich kann nicht mehr", sagt Petra plötzlich und lehnt sich an einen langen Bretterzaun. Sie sagt es mit weinerlicher Stimme, mit mutlos hängenden Armen und gesenktem Kopf. „Geht allein weiter, Kameraden, lasst mich hier." Indem sie das sagt, rutscht sie an der Bretterwand nieder und schlägt die Hände vors Gesicht.

Emmes und Willi schauen sich an. Petra zurücklassen? Sie einem grausigen Schicksal überlassen? Den schwachen Kameraden einfach sitzen lassen? Nein!

„Na komm, Dirndl", murmelt Emmes, Petra hochziehend. „Nur noch'n kleines Stückl."

Sie sträubt sich matt, dann geht sie aber doch mit. Seit ein paar Stunden hat sie sich den rechten Fuß wund gelaufen. Kein Wort hat sie gesagt, keinen Mucks getan. Erst jetzt merken es die beiden Begleiter, dass sie hinkt.

„Was hast du?", fragt Emmes.

„Ach, nichts", sagt sie leise.

Der Bretterzaun nimmt kein Ende. Als man eine Lücke in ihm erreicht und Willi wütend mit dem Stiefel dagegen haut, um die Lücke zu vergrößern, ertönt hinter dem Zaun eine weibliche Stimme.

Schon hat Emmes die Pistole hochgerissen und schaut durch die Bretterlücke in einen Hof, zu dem zwei große Wohnhäuser und eine Reihe Schuppen gehören.

Die Frau, die hinter dem Zaun steht, ist noch jung und trägt Brennholz auf dem Arm, das sie aus einem der Schuppen geholt zu haben scheint.

„Nehmen Sie das Ding weg", sagt die Frau in gutem Deutsch, womit sie die Pistole meint, die Emmes auf sie gerichtet hält. „Ihr seid Deutsche?" fragt sie.

„Ja, leider", sagt Emmes, durch die Zaunlücke schlüpfend. Dann hilft er Petra herein, der Willi folgt. Und nun stehen sie vor der Polin und hoffen auf ein bisschen menschliches Mitgefühl und Hilfe.

„Können Sie uns bis zum nächsten Abend verstecken?", fragt Emmes.

Die Frau schweigt.

Sie schweigt sehr lange, und die drei machen sich schon auf eine brüske Ablehnung gefasst, als die Frau plötzlich sagt:

„Kommt mit. Leise."

Sie geht zu dem Schuppen zurück, aus dem sie Holz geholt hat, schiebt mit dem Fuß die Türe zu. Emmes hilft, das Schloss vorzulegen, und Willi weiß plötzlich, dass er das Holz der Frau tragen muss.

181

„Bitte geben Sie her", murmelt er und nimmt ihr das Brennmaterial ab.

Die Frau nickt nur, dann schaut sie der dritten Gestalt genauer ins Gesicht und sagt: „Aha, ein Mädchen?"

„Ja, Frau", flüstert Petra. „Dürfen wir ein paar Stunden bei Ihnen bleiben? – Ich kann nämlich nicht mehr … ich bin …"

„Schon gut", sagt die Polin kurz angebunden, „kommt jetzt. Aber seid leise, sag ich euch – sonst krieg ich Scherereien."

Die drei haben unbedingtes Vertrauen zu dieser Frau und folgen ihr ins Haus.

Sie gehen eine schmale, nach Ölfarbe riechende Treppe in den ersten Stock hinauf, gelangen an eine Flurtür, hinter deren Milchglasscheiben Licht brennt. Dann betreten sie einen wohnlichen, nach Kuchen duftenden Korridor.

Die Frau weist Willi in die Küche, wo Willi den Arm voll Holz in einen leeren Kasten schichtet. Die anderen beiden schauen sich um. Die Küche ist sauber. Im Ofen brennt Feuer. Auf der Platte summt siedendes Wasser in einem Kessel.

„Wer sind Sie?", fragt Emmes die Frau. Sie ist groß, schlank und noch jung, hat ein rundes Gesicht, dunkle Augen und trägt dunkles, dichtes Haar straff nach rückwärts gekämmt.

„Das tut nichts zur Sache", sagt die Frau. „Setzt euch. Ich gebe euch etwas zu essen."

Petra sinkt auf den nächstbesten Küchenstuhl und streift die Fellmütze vom Kopf.

„Danke, liebe Frau … vielen Dank."

Auch Willi setzt sich und nimmt die Mütze ab. Die Küchenwärme macht ihn ganz rammdösig, der plötzliche Klimawechsel wirkt lähmend.

Nur Emmes steht neben dem Ofen und versucht, der Frau ins Gesicht zu schauen.

„Sagen Sie uns gleich, wenn Sie uns den Russen ausliefern wollen", bemerkt er ernst.

Da trifft ihn der Blick der Frau: vorwurfsvoll, unwillig. „Ihr braucht keine Angst zu haben", sagt sie. „Ihr müsst nur leise sein. Die Nachbarn brauchen nicht zu hören, dass hier jemand ist, der nicht hierher gehört."

„Sie sind schon früh auf", sagt Emmes, einen Blick auf die Küchenuhr werfend; es ist halb fünf morgens.

„Ja", sagt die Frau, zum Küchenschrank gehend und Tassen und Teller herausholend, „mein Mann kommt um halb sechs heim. Er ist bei der Miliz."

„Bei der …" Emmes verschlägt es die Sprache. Auch Willi ist verblüfft und schiebt sich erschrocken vom Stuhl hoch.

„Los", sagt er, „kommt, wir verschwinden lieber."

„Bei der Miliz?", fragt Emmes die Frau, und die nickt, stellt die Tassen und Unterteller auf den Tisch, streicht über Petras blondes Haar und sagt zu ihr im Tone einer Mutter: „Du bist noch sehr jung, was? Wie alt, ha?"

„Neunzehn."

„So jung noch, mhm … so jung noch."

Emmes und Willi sehen sich betroffen an. Sie

183

verstehen plötzlich die Welt nicht mehr. Entweder sie sind hier in eine Mausefalle gebeten worden, oder die Frau spinnt.

„Nun sagen Sie bloß, liebe Frau …", stottert Emmes.

„Ach", sagt sie, „mein Mann kocht bloß für die neue Miliz. Seit drei Tagen hat er den Posten, weil er Koch ist. Früher war er Koch in der deutschen Standortkommandantur. – Es ist ihm gleich, für wen er kocht."

Willi setzt sich wieder, und auch Emmes muss einen Stuhl nehmen. Beide schütteln verwundert die Köpfe. Da sagt Petra leise:

„Sie sind gut, liebe Frau. Ich habe keine Angst mehr."

Die Frau klirrt mit den Tassen und Löffeln. Silberne Kaffeelöffel. Das Geschirr ist, wie Emmes feststellt, Rosenthal-Porzellan. Auf dem Küchenschrank steht ein goldbrauner, frisch gebackener Napfkuchen.

„Was wird Ihr Mann sagen, wenn er heimkommt?", wagt Emmes zu fragen.

Die Frau wirft ihm einen raschen Blick zu und lächelt. „Nichts. Meinem Mann ist es bei den Deutschen gut gegangen, es geht ihm auch jetzt wieder gut. Er wird euch weder verraten noch fortschicken."

Mit diesen Worten holt sie den Napfkuchen vom Küchenschrank und stellt ihn auf den Tisch, nimmt ein Messer und schneidet den Kuchen in große Stücke, legt sie auf die Teller und sagt kurz:

„Greift zu – esst, bis euch der Bauch platzt."

Die drei Flüchtlinge begreifen das Glück gar nicht, das Willi mit ein paar verzweifelten Fußtritten gegen einen Bretterzaun ausgelöst hat; sie essen schweigend, sie trinken Kaffee, in den sich sogar ein paar Kaffeebohnen verirrt haben. Und die Frau, die ein hartes, aber gutes Deutsch spricht und ein Herz in der Brust hat und abgehetzte Feinde speist, sie kümmert sich nicht weiter um ihre Gäste, geht aus der Küche. Wortlos erhebt sich Willi. Er traut dem Frieden noch immer nicht. Aber dann sieht er, dass die Frau eine Kammer betreten hat, in der sie ein großes Bett zurechtmacht.

„Sagen Sie, gute Frau, können wir auch wirklich Vertrauen zu Ihnen haben?"

Sie dreht sich um, schaut Willi lächelnd an und erwidert: „Pironje, was seid ihr misstrauisch! Ja, sag ich, pironje! Ihr braucht keine Angst zu haben."

Willi grinst. „Dann ist's ja gut. Röttger ist mein Name. Willi Röttger. Und die in der Küche heißen Emmerich Sailer und Petra Linge. Das Mädchen ist uns unterwegs zugelaufen."

Die Frau blinzelt. „Hübsches Mädchen. Da habt ihr sicher auch Spaß dran, was?" Sie lacht. Sie hat einen breiten, vulgären Mund.

Willi ist nicht doof; er hat die Frau verstanden und rechtfertigt sich mit den Worten:

„Nee, es ist nicht so, wie Sie meinen. Es geht verdammt gefährlich zu auf unserer Reise, liebe Frau."

„Ach, für so was habt ihr Soldaten doch immer Zeit", sagt sie anzüglich.

Willi schüttelt den Kopf. Die Polin scheint ja eine „Ziemliche" zu sein. Aber sie hat ein gutes Herz.

„Dann sind Sie wohl mit unserer Besatzung gut ausgekommen?", fragt er sie.

„O ja, gut", sagt sie und klopft zwei Kopfkissen zurecht. „Wir hatten oft Besuch. Mein Mann brachte manchmal Offiziere mit. Das war lustig." Wieder das ordinäre Lachen. Dann kommt sie heran, stellt sich dicht vor Willi hin – so dicht, dass er ihren Körpergeruch wahrnimmt: ein Gemisch aus Vanille und irgendeinem billigen Parfüm.

„Ihr könnt alle drei in dem Bett dort schlafen", sagt sie.

Sie wird immer deutlicher, denkt Willi. „Sie werden", sagt er grinsend, „für Petra sicher auch noch ein Bett haben."

„Das Sofa im Wohnzimmer", sagt sie und legt das anzügliche Lächeln ab. „Ich mache es gleich fertig."

„Sie sind sehr nett", sagt Willi. „Wie sollen wir das alles bezahlen?"

Da schaut sie ihn an. Sie hat etwas schräg im Gesicht stehende Augen. Grüne.

„Ach was", sagt sie, wieder in ihre kurze Art verfallend, „es ging uns gut, während die Deutschen da waren, warum sollen wir euch jetzt nicht helfen, wo es euch dreckig geht."

„Das werden wir Ihnen nicht vergessen. – Wie heißen Sie eigentlich?"

„Das ist unwichtig", sagt sie, geht so dicht an ihm vorbei, dass ihre pralle Brust ihn streift, und begibt sich in einen zweiten Raum.

Es ist ein hübsches Wohnzimmer. Willi wirft nur einen Blick hinein, und dabei kommt ihm die Vorstellung, dass in den gemütlichen Sesseln wohl oft deutsche Offiziere gesessen haben mögen, bewirtet von der grünäugigen Hausfrau, vielleicht auch noch anderweitig von ihr versorgt.

Die Polin richtet jetzt eine gemütliche Couch her. Petra wird also gut schlafen.

Als Willi in die Küche zurückkommt, ist Emmes gerade dabei, Petras wund gelaufenen Fuß zu untersuchen. Die Ferse ist aufgescheuert, knallrot. Petra gesteht mit müdem Lächeln, dass ihr die letzten paar Schritte recht schwer gefallen seien.

„Menschenskind, mit dem Fuß kannst du doch nicht weitermarschieren", sagt Willi, als er sich die Ferse angeschaut hat.

„Ich muss", sagt Petra. „Das läuft sich schon wieder ein."

Emmes schaut Willi an, winkt mit dem Kopf zur Tür und fragt halblaut: „Was hat sie gesagt?" Er meint damit die Polin, mit der Willi gesprochen hat.

„Ziemlich lockerer Vogel", grinst Willi, „aber sonst scheint sie in Ordnung zu sein. Wir zwei schlafen in einem Bett und Petra im Wohnzimmer auf 'ner prima Couch."

Dann kommt die Polin in die Küche. Sie wirft einen Blick auf Petras Fuß und sagt: „Bosche, das sieht nicht gut aus."

„Haben Sie eine Salbe da?", fragt Emmes.

Die gastfreundliche Polin holt eine Salbe, bringt auch deutsche Verbandspäckchen an und hilft mit, Petras Fuß zu verarzten. Alles deutet darauf hin, dass die drei Flüchtlinge hier gut aufgehoben sind. Fragt sich nur noch, wie der Mann der Polin zu dem seltsamen und gefährlichen Besuch stehen wird.

Es ist inzwischen halb sechs geworden. Kurz danach kommt der Mann nach Hause. Er ist klein, wohl genährt, hat ein harmloses, pausbäckiges Kochgesicht und wundert sich keineswegs über die von seiner Frau eingeladenen Gäste.

„Ja, ja", sagt er in einwandfreiem Deutsch, „ihr könnt bleiben. Hier seid ihr sicher." Dann erzählt er, dass in der Stadt Jagd auf deutsche Soldaten gemacht werde und die Russen eine Siegesfeier abhielten, bei der es turbulent zugehe. „Es war gut", sagt er auf Deutsch zu seiner Frau, „dass ich keine Russen mitgebracht habe. Das hätte ein schönes Theater gegeben. Ich sagte, ich sei müde und möchte schlafen."

Ein seltsames Gastgeberpaar. Emmes und Willi ist nicht ganz wohl, als sie sich in ihre Schlafkammer begeben.

„Ob es nicht besser ist, wenn einer von uns wach bleibt?", sagt Emmes zu Willi.

„Ach was", erwidert Willi, sich ins Bett legend, „mir ist jetzt alles Wurscht. Wenn die Verräter sind – dann sind sie es eben. Basta." Er dreht sich um und schläft sofort ein.

Emmes legt sich neben ihn. Es ist ein gutes Bett, mit sauberen Kopfkissen und wunderbar weichen Schafwolldecken. Trotzdem freut sich Emmes nicht, kann sich der Wohltat des Liegens und des Schlafes nicht hingeben.

Wie denn, wenn man unsanft geweckt und aus dem Hause geprügelt wird? Wie denn, wenn der komische Mann und die absonderliche Frau Verräter sind?

Willi schnarcht beneidenswert laut und furchtlos. Emmes stößt ihn an. Der andere grunzt etwas und schläft weiter. In der Küche wird gesprochen. Emmes hört das Lachen der Frau, dann klirrt etwas. Das Ehepaar scheint noch einen Umtrunk zu halten.

Emmes Gedanken suchen Petra. Sie schläft in der Wohnstube, auf der Couch. Ist auch Petra wach? Sorgt auch sie sich? Hält sie ihre kleine Pistole bereit?

Petra.

Wie wacker sie sich gehalten hat. Wie ein Mann. Man hat wenig, man hat fast keine Scherereien mit ihr.

Emmerich Sailer lächelt vor sich hin. Die Sorge, dass die Ruhe gestört werden könnte, verflüchtigt sich. Er denkt an Petra, die nur ein paar Meter weitab liegt und schläft. Wie mag sie aussehen, wenn sie ein hübsches Kleid anzieht? Wenn sie sich ein bisschen herrichtet – so mit Lippenstift und Tusche? Wenn sie sich die schönen Haare waschen und kämmen könnte?

Emmes spürt nicht, dass er einschläft. Die Gedanken an Petra tragen ihn fort – in eine andere, bessere Welt. Im „Bauerngirgel" zu Heimsbach ist er, der Emmes. Es ist Tanzabend. Die Musik spielt, die Burschen jauchzen und lupfen ihre Mädchen in die Höhe. Und Petra sitzt neben Emmes: im schmucken Sonntagsstaat, blond, mit rotem Mund und lachenden Augen. Emmes wird es warm ums Herz. Voller Wünsche ist er plötzlich. „Gib mir ein Bussl, Petra … ein klein's nur …" – „Ich kenne dich zu wenig", sagt sie, aber sie lehnt den Kopf an seine Schulter. – „Wir kennen uns doch schon so lange, Petra …" – „Nein, erst seit vorhin, Emmes … auf der Straße … Mein Fahrrad, Emmes … es wird doch nicht wegkommen?" – „Nein, hier stiehlt niemand Fahrräder, Petra …" – Sie legt ihren Arm um seinen Hals und schmiegt sich an ihn. Die Musik spielt ganz laut. Der Trompeter schmettert einen Marsch. So laut! Der ganze Saal dröhnt, bebt, scheppert. Die Musik brüllt …

Da fährt Emmes hoch. Auch Willi saust in die Höhe.

Es ist Tag geworden. Schräg fällt ein Sonnenstrahl in die Kammer.

„Was ist das?", stammelt Willi, springt über Emmes hinweg und packt den an der Wand hängenden Karabiner.

„Panzer sind's", sagt Emmes. „Panzer fahren vorüber!"

Ja, auf der Straße rollen ganz schwere Sowjetpanzer. Das Dröhnen der Motoren und Klirren der

190

riesigen Ketten pflanzt sich durch das ganze Haus fort.

Emmes und Willi laufen aus der Kammer. Der Korridor ist leer. Die Tür zum Wohnzimmer steht offen, an dessen Fenster steht das polnische Ehepaar und winkt und schreit begeistert auf die Straße hinunter. Der dicke Koch schwenkt eine rote Fahne hin und her, und die Frau schreit russische Willkommensparolen auf die Straße hinunter.

Petra hockt mit totenblassem Gesicht auf der Couch. Auch sie ist von dem Lärm der vorbeifahrenden Panzer aus dem Schlaf gerissen worden.

Da dreht sich die Polin um und sieht die beiden erschrockenen Soldaten unter der Wohnzimmertür stehen.

„Geht schlafen", sagt sie lachend, „die Russen fahren vorbei. Mit Panzern. So viele Panzer habt ihr noch nicht gesehen! Ganz dicke!"

Als Emmes und Willi auf das zweite Fenster zugehen und einen Blick auf die Straße werfen wollen, werden sie von der Frau zurückgescheucht.

„Seid ihr verrückt? Verschwindet! Ihr wollt wohl, dass die Russen heraufkommen!"

Der Koch schwenkt noch immer die rote Fahne zum Fenster hinaus, dreht sich dabei um und ruft ins Zimmer: „Haut ab, schlaft weiter! Abends müsst ihr wieder verschwinden, dann kommen unsere russischen Freunde zum Saufen her."

Fürwahr, ein seltsames Gastgeberpaar.

Emmes und Willi ziehen sich zurück. Sie schlafen auch wieder ein. Geweckt werden sie gegen

Abend. Als sie in die Küche kommen, ist der Pole nicht mehr da, und Petra sitzt am Tisch, trinkt Kaffee, isst Spiegeleier mit Brot und lacht den beiden Freunden entgegen.

„Das ist Marika", sagt sie, auf die Polin zeigend. „Ist sie nicht goldig?"

Emmes und Willi können das nur bestätigen. Marika (ihren Familiennamen verrät sie nicht) ist wirklich ein Original. Der Mann sei bei der Arbeit, sagt sie. Er käme gegen Abend zurück und brächte Russen mit, die hier feiern wollen. Ein paar Mädchen würden auch dabei sein.

„Ihr müsst bald weg", sagt sie zu den dreien.

Emmes und Willi essen eine große Pfanne voll Spiegeleier, dazu Brot und eine Riesenportion Bratkartoffeln.

Zwischendurch stellt Emmes die Frage, ob es jetzt überhaupt noch eine Möglichkeit gäbe, aus der Stadt herauszukommen. Da geschieht etwas sehr Widersprechendes: Marika zuckt gleichgültig die Schultern und sagt:

„Ihr müsst es eben versuchen."

„Wo verläuft die Front?", fragt Emmes.

Das wisse sie nicht, gibt die Polin zur Antwort. Keiner wisse das genau. Nicht einmal ihr Mann, der Mirko.

„Seht zu", sagt sie, „dass ihr aus Lodz herauskommt." Lodz.

Aus Litzmannstadt ist also wieder Lodz geworden. Als es dunkel geworden ist, schaut Marika ungeduldig auf die Küchenuhr, packt dann noch ein

Brot in Emmes' Rucksack und fordert die drei ganz
unmissverständlich zum Gehen auf.

„Verschwindet durch den Zaun", sagt sie. „Vielleicht habt ihr Glück und kommt aus Lodz heraus.
Haltet euch Richtung Süden. Am besten, ihr geht
nach Ruda."

Ruda ist der Vorort von Litzmannstadt, von dem
die drei hergekommen sind. Nun sollen sie wieder
dorthin zurück. Petra zieht den rechten Stiefel an
und probiert ein paar Schritte.

„Es geht", stellt sie fest, „es tut nur noch ein bissl
weh, aber das macht nichts."

Der Abschied von Marika ist dankerfüllt. Die
Polin hat es jetzt aber eilig, ihre Gäste loszuwerden.
Petra bekommt ein flüchtiges Streicheln ab. Dann
geleitet Marika die drei durch das Stiegenhaus, öffnet die Hoftür und murmelt:

„Viel Glück, und kommt nicht wieder. Ich kann
euch nicht mehr aufnehmen."

9

Es ist dämmerig geworden, als die drei über den Hof hasten und durch die Zaunlücke auf die Straße schlüpfen.

Das warme Quartier, der reich gedeckte Tisch, die weichen Betten und die seltsame Gastfreundschaft des polnischen Ehepaares – alles bleibt hinter dem Bretterzaun zurück. Der kalte Hauch eines lebensgefährlichen Abenteuers ist wieder spürbar. Stumm gehen die drei ein Stück jenes Weges zurück, den sie vor kaum vierzehn Stunden gekommen sind.

Irgendwo kreischen wieder Panzerketten, dröhnen die schweren Motoren sowjetischer T 34.

Emmes ist schweigsam. Er überlässt Willi die Führung. Vielleicht tut er es deshalb, weil er plötzlich mutlos geworden ist, weil er einzusehen beginnt, dass es hier keinen Durchbruch mehr geben kann. Der Feind ist überall. Irgendwann wird man ihm in die Arme laufen, wird alles zwecklos gewesen sein und das Ende kommen.

Emmes sieht das Mädchen vor sich her laufen. Petra. Sie hinkt ein wenig. Der lange Mantel schlottert ihr um die Beine, sie geht hastig, mit den kleinen Trippelschritten der Frauen. Plötzlich holt er sie ein und schiebt seine Hand unter ihren Arm.

„Tut dir der Fuß weh, Petra?"

Sie schaut ihn an. Er sieht nur das Weiß ihrer Zähne schimmern und denkt an den Traum.

„Es geht gut, Emmes", sagt sie und hängt sich leicht an seinen Arm.

Vorneweg geht Willi, den Karabiner im Anschlag. Wie ein Jäger, der alle Augenblicke ein Wild erwartet und es abschießen will. Der Schnee knirscht unter den Stiefeltritten; es ist sehr kalt geworden.

Willi biegt jetzt nach rechts ab und hält auf die Parkanlage zu.

„Wenn was schief gehen sollte, Petra", sagt Emmes zu ihr und drückt ihren Arm, „dann sind wir net schuld … Wir haben wirklich alles getan … ausprobiert, ob wir Glück oder keins haben. Bisher hatten wir es. Was aber jetzt kommt, das weiß keiner von uns."

„Und das ist gut, Emmes", sagt sie. „Wir müssen daran glauben, dass wir durchkommen. – Ich hab darum gebetet, Emmes … ich bete immer, wenn wir …" Sie bricht ab und schweigt.

Rechts drüben ist die Stelle, wo die erschossenen Zivilisten liegen. Mit abgewandtem Gesicht geht Petra vorüber. Die Hand unter ihrem Arm verschwindet.

Willi behält jetzt die Führung. Er verfolgt den Weg, den sie vor kurzem gekommen sind, und findet sich erstaunlich schnell zurecht. Manchmal winkt er ein Halt, geht vorsichtig ein Stück weiter, späht die zu überquerende Straße entlang und holt dann die beiden Wartenden nach.

Zivilisten zeigen sich selten auf den Straßen. Es ist, als ob die einmarschierenden und die Stadt in Richtung Nordwesten passierenden Russen ein allgemeines Ausgangsverbot über die Bevölkerung verhängt hätten. Genaues weiß anscheinend niemand. Am unwissendsten sind die drei Flüchtlinge.

Das Auftauchen eines Trupps polnischer Miliz zwingt sie in ein Versteck. Ganz nah gehen die bewaffneten Zivilisten an der Hausruine vorüber.

Minuten verstreichen, ehe die drei sich aus ihrem Versteck wagen. Willi übernimmt wieder die Führung. In raschem Tempo gelangen sie nach Ruda – vorbei an der Straßenbahn-Endstation, dann einer Seitenstraße folgend, die durch den Vorort und schließlich aus ihm hinaus ins freie Feld führt. Wieder ist eine mondhelle und sehr kalte Nacht angebrochen. Der Schnee jammert verräterisch laut unter den Sohlen.

Nach allen Seiten hin sichernd, hasten die drei Gestalten querfeldein und gehen einen weiten Bogen in südwestlicher Richtung. Man hört sehr weit in dieser kalten Winternacht. Über knochenhart gefrorene Äcker, über flache Schneefelder hinweg führt der Weg. Oft stoßen sie auf Straßen und müssen anhalten, da der russische Nachschub mit viel Licht und Lärm vorbeirollt. Reißt die Kolonne ab, hasten Emmes, Willi und das Mädchen durch die Lücke und laufen mit keuchenden Lungen, bis sie sich wieder in Sicherheit glauben.

Wohl ein Dutzend solcher Straßenüberquerun-

196

gen schaffen sie auf diese Weise. Auftauchende Dörfer werden umgangen.

Gegen Mitternacht erreichen sie wieder eine Straße, auf der russische Fahrzeuge rollen. Trotz Mondschein fahren alle mit Licht. Es gibt ja keine deutschen Nachtbomber mehr, es gibt auch keine deutsche Artillerie mehr, die über große Strecken hinweg die wichtige Vormarschstraße des Feindes unter Beschuss nehmen könnte.

Wann marschierten hier die deutschen Truppen gegen Osten, ohne beschossen, ohne von sowjetischen Fliegern belästigt zu werden? Sind es wirklich schon fünf Jahre her? Fünf lange, unendliche und schwere Kampfjahre?

Emmerich Sailer folgt Petra und Willi und denkt an den Beginn des Ostfeldzuges. Wie war man doch optimistisch! In sechs, acht Wochen wollte man den Russen auf den Knien haben. Jetzt marschiert er auf den polnischen Straßen Richtung Deutschland. In nicht abreißenden Kolonnen, mit vollem Licht, unbehindert und siegesgewiss.

Angesichts der immer wieder auftauchenden und mit Licht vorbeifahrenden Marschkolonnen spürt Emmes, dass er fünf Jahre seines Lebens vertan und einfach für nichts und wieder nichts gekämpft hat. Das Ende dieses Kampfes ist ein hoffnungsloses Herumirren, ein Versuch, die Stunde X hinauszuzögern. Das Schicksal muss sich ja erfüllen, ist nicht mehr abzuwenden. Wie Hasen werden Hitlers einstmals so siegreiche Soldaten gejagt, wie Hammelherden werden sie mit Fußtritten in die Gefangenschaft getrieben, verlacht, verhöhnt oder gar erschossen, so sie als Verirrte im freien Feld oder in Trümmerstraßen aufgestöbert werden.

Deutschlands einstmals so hoch fliegender Adler ist gestürzt, liegt mit gerupftem Gefieder auf der Walstatt und stirbt langsam, aber sicher.

Die drei haben einen knochenhart gefrorenen Feldweg unter die Füße genommen. Er führt im spitzen Winkel auf ein Dorf zu, durch das eine Straße verläuft.

Emmes, Willi und Petra sehen noch rechtzeitig, dass sie einer bespannten Kolonne in die Arme laufen. Flach im Schnee liegend, sehen sie die lange Schlange Pferdefuhrwerke und Reiter auf das Dorf zukommen und darinnen verschwinden. Gleichzeitig hört man einen melodisch klingenden Gesang. Reiter und Fahrer singen irgendein Lied. Deutlich heben sich die strahlenden Tenöre aus dem Chor empor. Immer erregender wird das Singen, es schwillt an, geht in ein treibendes „Hej, hej, hej" über und bricht dann in gellende Schreie aus.

Wie gebannt starren die drei zur Straße hinüber. Plötzlich lodert ein Haus … ein zweites … ein drittes … Im Nu steht das ganze Dorf in Flammen. Röte, flackernde, blutrote Helligkeit mischt sich in das bläuliche Mondlicht und verleiht der Nacht ein grausiges Bild.

Die Russen – wohl Kosaken, Kalmücken oder sonst welche Steppensöhne – scheinen das Dorf aus lauter Übermut in Brand gesteckt zu haben.

Vielleicht auch, weil irgendein Bauer nicht ehrerbietig genug gegrüßt oder ein misshandelter Pole den Siegern vor die Füße gespuckt hat.

Jedenfalls brennt das Dorf. Das Triumphgeschrei der Russen ist weit zu hören. Im rasenden Galopp jagen die Fuhrwerke aus dem brennenden Dorf. Aus Jux und Tollerei, aus Freude am grellroten Feuerschein, den schon die wilden Horden des Dschingis Khan von Ost nach West getragen haben.

Emmes und Willi haben festgestellt, dass nur die Straßen dicht befahren sind, die nach Nordwesten führen – fast leer sind dagegen die unmittelbar nach Westen führenden Verkehrswege. Nur Panzerspuren deuten darauf hin, dass auch hier gefahren worden ist.

Darüber sprechen Emmes und Willi, als sie sich von dem brennenden Dorf in ein Wäldchen zurückgezogen und Rast gemacht haben.

„Pass auf, Emmes, die Unseren sind noch irgendwo und haben eine Front errichtet. Ich fress 'n Besen, Emmes."

„Schön wär's schon", sagt Emmes. „Ich tät dir auch von Herzen einen guten Appetit wünschen. Aber wo stoßen wir auf die Unseren? Das ist die Frage, mein Lieber, auf die wir keine Antwort wissen."

„Man hört aber auch keinen Frontlärm", stellt Willi fest.

„Es braucht net unbedingt g'schossen zu werden", sagt Emmes. „Der Russ' macht nach Nord-

199

westen einen Bogen. Wahrscheinlich packt er die Unseren wieder woanders als dort, wo sie ihn erwarten."

Die drei unterhalten sich noch eine Zeit lang im Flüsterton über die merkwürdige Feststellung. Die Hoffnung, dass noch irgendwo deutsche Truppen in Verteidigungsstellungen liegen und von den Sowjets in nordwestlicher Richtung umgangen worden sind, verleiht ihnen neue Kraft und Zuversicht.

Nach der letzten Straßenüberquerung westlich des brennenden Dorfes ist es ruhig geworden. Das Gelände ist durchzogen von kleinen Waldstücken.

Die Fliehenden kommen in dieser Nacht gut voran und verkriechen sich bei Tagesanbruch in einer Waldhütte. Den ganzen Tag über schlafen sie, und als es dunkel wird, pirschen sie sich weiter. Sie erschrecken vor auffliegenden Fasanen, sie zucken zurück, wenn auf freiem Feld eine Kette Rebhühner mit sirrendem Flügelschlag flüchtet.

Mit dem Abend steigt wieder Nebel auf, der sich ständig verdichtet und die Orientierung erschwert.

Wieder geht eine Nacht zu Ende, in der sie fast pausenlos marschiert sind, ohne jenen Lärm zu vernehmen, den sie suchen und der die Nähe der eigenen Truppe verkündet. Es ist, als weiche die Front vor ihnen zurück und bleibe unerreichbar. Sie verkriechen sich wieder, als der Tag anbricht, und schlafen in einer Scheune.

Petras rechter Fuß ist wund gelaufen. Sie erträgt es tapfer. Rührend bemühen sich die Freunde um sie und verbinden den Fuß. Dann liegt sie zwischen ihnen und schläft.

Manchmal schrecken sie auf, weil draußen Stimmen ertönen. Der polnische Bauer ist es, der mit jemandem schimpft. In die Scheune kommt aber niemand. Sie schlafen wieder ein, eng aneinandergekuschelt wie Tiere, die Wärme suchen. Der Unterschied zwischen Mann und Frau ist nicht zu spüren; drei Menschen sind es, die ein gemeinsames Schicksal zusammengeschmiedet hat.

Am Spätnachmittag erwachen sie durch ein bedrohliches Geräusch. Auf dem Hof sind Hufschläge zu hören, Rufe und raues Gelächter. Willi ist aus dem Heu gekrochen und späht durch eine Bretterritze. Da zuckt der Schreck ihm siedend heiß durch den Körper.

Eine berittene Patrouille ist abgesessen. Ein Dutzend verwegene Gestalten, mit Maschinenpistolen bewaffnet, reden laut und in kehligem Russisch durcheinander. Der Bauer steht bei ihnen und verbeugt sich, deutet auf die Scheune und bietet den Kosaken das Pferdefutter an. Eiligst kriecht Willi ins Heu zurück. Tief hinein wühlen sich die drei. Wie Maulwürfe. Dann halten sie den Atem an und lauschen.

Die Kosaken sind in der Scheune. Sie organisieren Heu, das der Bauer und seine Dienstboten zusammenraffen, bündeln und auf den Hof hinaustragen.

Die im Heu Versteckten spüren, dass die schützende Decke leichter wird, dass Füße darauf herumtrampeln. Starr liegen Emmes, Willi und das Mädchen im finsteren Versteck. Die Nerven sind zum Zerreißen angespannt. Willi umklammert den Karabiner, Emmes hält die Pistole bereit, und das Mädchen umspannt mit zitternder Hand ihre kleine Waffe, mit der sie sich wehren will, wenn …

Doch nichts geschieht. Die Kosaken haben genug Heu. Die Stimmen verlieren sich aus der bedrohlichen Nähe. Noch ein rasches Hufschlagen, dann wird es wieder still.

Neben Emmes ertönt ein leises, verzweifeltes Weinen. Petra weint. Sie ist mit den Nerven fertig. Am liebsten möchte sie laut schreien.

Emmes legt den Arm um sie. Ihre Schultern beben. „'s ist ja alles gut", sagt er, „hör auf, Petra. Sie sind ja fort."

Da schmiegt sie sich an ihn. Ganz fest. Und er drückt sie sanft an sich, tastet nach ihrem Gesicht und spürt, dass es nass ist.

Willi Röttger rührt sich nicht. Er horcht nur, und er hört Petras Atem, hört dann ihre leise Stimme:

„O Emmes, halte mich fest … ganz fest … sonst muss ich heulen."

Und Emmes antwortet: „Net heulen, Petra … beten musst du, das ist besser."

Willi will etwas sagen, aber er schweigt. Er dreht sich auf die andere Seite, umarmt das Gewehr und versucht, noch ein bisschen zu schlafen. Es gelingt ihm auch. Aber es ist kein fester Schlaf, sondern ein Dahindösen. Willi hört, dass die beiden neben ihm flüstern. Dann verstummen sie, und dann ist es ihm, als ob neben ihm Küsse getauscht werden.

„Ich hab dich lieb", flüstert die Mädchenstimme. „Ich will immer bei dir bleiben, Emmerich."

„Immer?", erwidert die andere Flüsterstimme. „Vielleicht kommt's so, Petra."

„Jetzt hab ich keine Angst mehr … gar keine, du …"

Willi möchte sich die Ohren zuhalten, aber er kann es nicht. Ihm ist plötzlich sehr einsam ums Herz. Er weiß jetzt, dass er eigentlich allein marschiert. Emmes scheint ihm verloren zu sein. Sie hat ihn gern, denkt er, während neben ihm weiter getuschelt wird. Ach, sollen sie! Was geht es mich an! Mir ist es egal. Er stellt sich schlafend.

„Hast du schon ein Mädchen?", fragt die Mädchenstimme. „Sag, Emmerich … sag's ehrlich."

„Ja, Petra, ich hab daheim ein Mädchen. Gundi heißt sie."

Schweigen. Dann die leise Frage:

„Hast du sie gern?"

„Ich weiß net, Petra … ich kann es jetzt net mehr sagen, ob ich sie gern hab."

„Erzähle mir von ihr", flüstert die Mädchenstimme.

„Nein, Petra … jetzt nicht. Schlaf noch ein bissl, wir müssen bald weiter."

Es raschelt. Petra schmiegt sich in zwei Arme, kuschelt sich fest an Emmes.

„So ist's gut", flüstert sie, „halt mich fest, Emmerich … ganz, ganz fest."

Stille.

Willi wagt nicht, sich zu rühren. Seltsame Gedanken suchen ihn heim – Gedanken, die ihm jetzt kommen, da er weiß, dass Emmes und Petra zueinander gefunden haben. Jetzt trägt Emmes die volle Verantwortung. Für Petra.

Ich bin nur noch ein Mitläufer, denkt Willi. Emmes muss sich um sie kümmern. Und wenn ich weglaufe, wenn ich allein weitergehe, dann werden die beiden nicht böse sein. Vielleicht warten sie sogar darauf, dass ich gehe …

„Emmes."

Neben Willi raschelt es leise. „Was ist, Willi?", fragt der andere. „Ich denk, du schläfst."

„Ich schlafe nicht. – Wenn ich euch lästig bin, dann sag es, Emmes. Dann geh ich allein weiter."

„Du spinnst wohl, ha?"

„Nee, gar nicht, aber wenn ich euch lästig bin, dann müsst ihr es mir sagen."

„Bist du bös, Willi?", fragt die Mädchenstimme.

„Quatsch. Weswegen sollte ich böse sein?"

„Weil ich Emmerich gern habe, Willi."

„Das ist mir doch Wurscht, Petra." Willi lacht leise. „Ich such mir schon was, wenn wir drüben sind … was ganz Feines such ich mir." Es klingt ein bisschen gemacht, wie er es sagt, und das Mädchen erwidert darauf, indem es mit der Hand nach Willis Gesicht tastet:

„Schau, ich mag auch dich, Willi … wirklich. Du bist ein feiner Kerl."

„Na guck mal einer an", sagt er, „das ist auch

was. Dann ist ja alles in Ordnung." Dann die ablenkende Frage: „Wie spät ist es, Emmes?"

Das Heu raschelt unter einer Bewegung. Emmes schaut auf die Leuchtziffern seiner Uhr und sagt:

„Halb fünfe gleich."

„Draußen ist die Luft wieder rein", entgegnet Willi. „Aber es wird noch zu hell sein. Schlafen wir noch eine Weile."

„Jawohl, Herr Obergefreiter", murmelt Emmes.

Es wird still im Heuversteck.

Emmes hält das Mädchen in den Armen und streichelt mit der Hand ihre Wangen.

In der Ferne grollt Geschützdonner. Der Nachthimmel ist mit Wolken verhangen. Die Fluren dampfen im Nebel.

Sie sind schon seit vier Stunden unterwegs. Willi hat die Führung übernommen. Hinterher gehen Emmes und das Mädchen.

Manchmal hakt Petra bei Emmes unter, drückt zärtlich seinen Arm und sagt ein liebes Wort. Manchmal bleiben sie auch stehen und geben sich einen Kuss.

Der andere, der vorausgeht, schaut sich nicht um. Er weiß, dass diese seltsame Liebe jeden Augenblick zu Ende sein kann. An der nächsten Straßenkreuzung, im nächsten Dorf.

Die Nacht ist voller unbestimmbarer Geräusche. Ihr Schleier deckt alles zu und macht es unheimlich.

„Wir müssen an Pabianice schon vorbei sein",

205

sagt Willi, als sie Rast machen und vor sich eines der tausend Dörfer Polens liegen sehen. „Die Front ist noch weiter nach Westen abgerückt. So ein Mist!"

„Kann sein", sagt Emmes, „dass die Unsern schon bis Breslau zurückgegangen sind."

„Mensch, das wär'n dicker Hund! Bis Breslau sind es noch gut zweihundert Kilometer."

„Mit der Bahn in vier Stunden zu erreichen", sagt Emmes.

„Ein Auto müssten wir haben", erwidert Willi, „oder sonst wie einen fahrbaren Untersatz."

„Wir kämen nicht weit", lässt sich das Mädchen vernehmen. „Besser, wir gehen zu Fuß weiter."

„Wie geht's deinem Fuß, Petra?", erkundigt sich Willi.

„Ach, gut", sagt sie frisch. „Ich denke nicht dran, das ist das Beste."

Emmes deutet auf das Dorf. „Sollen wir mal reinschau'n, oder was meint ihr?"

„Reinschaun", sagt Willi. „Wir brauchen Futter. Vielleicht kriegen wir was zum Knusen."

Das Dorf besteht aus etwa zwanzig Bauernhöfen an einer kurzen Straße, in deren Mitte ein alter Ziehbrunnen steht. Niemand ist zu sehen. Ein paar Hunde kläffen nur.

Willi geht schnurstracks auf den erstbesten Hof zu, tastet sich durch eine Tür und klopft an eine andere, hinter der gedämpfte Stimmen zu hören sind.

Mit dem Anklopfen verstummt das Gemurmel.

206

In einer großen, niedrigen Stube, die eine Petroleumlampe erhellt, sitzen Polen um den Tisch, dazwischen krausköpfige Kinder. Alles schaut zur
Tür.

„Guten Abend", grüßt Willi.

„Guten Abend", ertönt es vereinzelt.

Eine ältere Frau erhebt sich und kommt heran.
„Ihr seid Deutsche?"

„Ja. Könnten wir ein Brot oder sonst was kriegen?"

Die Frau mustert den Frager kurz, nickt dann
und geht in die Stubenecke, holt von einem Regal
einen Brotlaib und gibt ihn Willi mit den Worten:

„Mehr haben wir nicht."

„Was kostet es, gute Frau?", fragt Willi und
klemmt das Brot unter den Arm.

Da ertönt aus dem Hintergrund der Stube eine
starke Männerstimme: „Lass man, Kumpel, das
geht schon in Ordnung." Ein untersetzter, stoppel-
bärtiger Mann tritt heran und mustert Willi mit
forschenden Blicken. „Wo kommst du her?"

„Aus Rawa."

„Bist du allein?"

„Nein. Draußen warten noch zwei. – Und wer
bist du?"

„Von der O. T. Ich bin noch rechtzeitig aus Warschau abgerückt und habe mich bis hierher durchgeschlagen. Der Bauer ist ein Freund von mir."

„Und du bleibst jetzt hier?"

„Muss ja", sagt der O.-T.-Mann. „Man kommt
nicht mehr durch. Der Iwan ist überall."

207

„Und die Front? Wo verläuft die?"

„Keine Ahnung, Kumpel." Der O.-T.-Mann schiebt Willi sanft aus der Stube.

Draußen stehen Emmes und Petra. Man begrüßt sich einsilbig. Willi steckt das Brot in den Rucksack.

„Kannst du uns sagen, wohin wir uns jetzt wenden sollen?", fragt Emmes den O.-T.-Mann.

„Nach Westen, Kumpel – wenn ihr durchkommen wollt, dann nur in Richtung Westen. Bei Zdunska Wola vielleicht, aber ich weiß nichts Genaues. Passt bloß auf, dass der Iwan euch nicht erwischt! Der macht euch fertig, kann ich euch sagen. Vorgestern sind ein paar Soldaten geschnappt worden. Keinen einzigen hat er leben lassen. – Es ist ja auch blöd, dass noch ein paar von unsern Idioten versuchen, sich mit Waffengewalt durchzuschlagen."

Die Ratschläge des abgeheuerten O.-T.-Mannes sind wenig ermutigend. Was er berichtet, trägt nicht dazu bei, sie anzuspornen. Schließlich schickt er die drei fort, ihnen noch nachrufend, dass sie ja alle Dörfer und Straßen meiden sollen.

Schweigend trollen sie sich und tauchen im Dunst der kalten Nacht unter. Das Bellen der Hunde verliert sich wieder, die Stille hängt wie eine Glocke im Raum.

Sie marschieren über freies Feld, stolpern durch verschneite Mulden, klimmen Hänge hinan und gehen über ebene Schneeflächen. Als sie einen schmalen Waldstreifen passiert haben, hören sie den bekannten Lärm schwerer Motoren. In einiger Entfernung, vom Waldrand kaum zu sehen, führt eine Straße vorüber. Auf ihr rollen Panzer. Man sieht die glühenden Auspuffrohre dahinkriechen, man hört das dumpfe Klirren der schweren Raupenketten.

„Wisst ihr was, Herrschaften?", lässt Willi sich vernehmen. „Wir gehen jetzt parallel zur Straße weiter. So kommen wir besser voran und können Richtung Westen halten."

Das tun sie dann auch. Nur 100 bis 150 Meter von der Straße entfernt, auf der Panzer und Lastwagen rollen, marschieren sie durch die Nacht. Die drei Flüchtlinge brauchen eine Entdeckung nicht zu fürchten. Dunkel ist die Nacht, nebelig. Oft kann man die Lichter der rollenden Feindkolonnen nicht mehr sehen, dafür hört man aber den Lärm der Motoren. So trotten die drei Gestalten dahin. Stundenlang. Sie haben das Gefühl für die Gefahr verloren. Die Ohren und Nerven haben sich an das Brummen und Knattern auf der Straße gewöhnt.

Da gehen sie wieder über ein freies Feld, im Gänsemarsch. Willi hat die Spitze übernommen, Petra geht in der Mitte, Emmes bildet den Schluss.

„Geht's noch, Petra?", fragt er das Mädchen.

Sie dreht sich um und ruft ihm leise zu: „Wenn du da bist – ja, Emmerich."

„Bist ein lieb's Dirndl!", ruft er ihr zu. „Wenn wir nach Breslau kommen …"

Da ertönt Willis Warnruf: „Hinlegen, schnell …!"

Vor ihnen sind dunkle Punkte aufgetaucht. Sie

sehen aus wie Chausseebäume, aber es sind keine. Jetzt gellt ein alarmierender Pfiff. Heiseres Geschrei bricht los. Die dunklen Punkte setzen sich in Bewegung.

Es sind Russen. Ein paar Schüsse peitschen.

In kopfloser Hast sind die drei aufgesprungen und stolpern in den Wald zurück. Wie aufgescheuchte Rehe rennen sie durch den Forst. Äste knacken, Zweige peitschen in die Gesichter. Petra fällt nieder und rappelt sich wieder hoch, stürzt weiter, wird von Emmes am Handgelenk gepackt und fortgezogen.

Das Schießen und Schreien ist verstummt. Die Stille des Waldes legt sich auf die Ohren, in denen das Blut rauscht. Keuchend bleiben die drei stehen.

Willi lässt sich in den Schnee sinken und leckt eine Hand voll davon.

„Zwecklos", murmelt er, „alles zwecklos. Wir kommen nie durch … nie!"

„Scheint so", japst auch Emmes. Dann stößt er einen Fluch aus.

Das Mädchen lehnt an einem Baumstamm. Jetzt sackt die Gestalt langsam zusammen und hockt im Schnee.

„Petra … Petra!", ruft Emmes und beugt sich zu ihr nieder. „Was ist dir, Petra?"

Ein blasses Gesicht zeichnet sich vom Dunkel des Baumstammes ab, zwei Augen schimmern feucht und groß.

„Emmerich …" – ihre Stimme klingt unsagbar

210

müde – „ich … ich glaube, ich … ich bin getroffen …"

„Wo?", keucht Emmes und knöpft ihr den Mantel auf.

Auch Willi rutscht heran. „Petra … nun mach uns bloß keine Sorgen, hörst du!"

Sie lächelt. Der Schnee beleuchtet ihr Gesicht. Es ist ein mattes, wesenloses Licht.

„Tut … mir … so Leid", sagt sie.

Emmes hat ihr den Mantel aufgerissen, ist mit der rechten Hand unter ihrem linken Arm entlang zur Schulter gefahren. Jetzt erschrickt er. Er fühlt etwas Feuchtes, Klebriges. Blut.

„Hast du Schmerzen, Petra?"

„N … nein …", sagt sie mit schwerer Zunge, „eigentlich nicht … Nur … nur kalt wird mir, Emmes."

Die beiden Freunde erstarren. Sie wissen, dass Petra nicht mehr laufen kann, dass man sie tragen muss, bis … bis etwas geschieht.

„Gib alles Verbandszeug her, was du hast", sagt Emmes mit rauer Stimme zu Willi.

„Nein …", lässt sich die schwache Stimme vernehmen, „nicht mehr … lasst nur … Es ist nicht mehr nötig …" Sie hüstelt.

Aus ihrem Mund kriecht ein dünnes, dunkles Gerinnsel; es läuft über die Mundwinkel übers Kinn und tropft in den Mantelausschnitt, auf den grünen Wollschal. Plötzlich sinkt Petra nach vorn. In Emmes' Arme. Er fängt sie auf und drückt sie an sich.

„W … was hat sie?“, fragt Willi heiser.

„Lungenschuss … ziemlich tief sitzt er.“

„Ach du lieber Gott“, stammelt Willi. „Was jetzt, Emmes?“

Ja, was nun? Emmes weiß es nicht; sein Denken ist gelähmt. Er hält Petra in den Armen und presst seinen Kopf auf die Pelzmütze.

Da erhebt sich Willi.

„Bleib bei ihr“, sagt er, „ich schau nach, ob irgendwo ein Hof liegt. Wir müssen Petra verbinden … sie muss in eine warme Stube. Vielleicht … warte hier, Emmes, ich bin bald wieder da … Hier“, sagt Willi und reißt sich die Tarnjacke vom Körper, „deck sie zu, dass sie nicht so friert.“

Dann läuft er weg.

Er spürt die Kälte nicht, die durch die dünne Uniformjacke auf die Haut kriecht. Er watet hastig durch den Schnee, schlängelt sich zwischen den Bäumen durch, stolpert, fällt hin, rafft sich auf und rennt weiter – getrieben von der heißen Sorge, dass Petra Linge noch gerettet werden kann, in eine warme Stube gebracht wird – zu Menschen, die helfen, ein versiegendes Leben zu retten.

Der Wald lichtet sich, hört auf. Ganz in der Nähe liegt ein kleines Dorf. Ein paar Lichter blinzeln herüber. Willi rennt darauf zu, den Karabiner in der Hand – wie im Sturmschritt eines Infanterieangriffs. Wenige Augenblicke später hat er einen Bauernhof erreicht, läuft zwischen zwei Scheunen hindurch auf das Haus zu.

Er achtet nicht auf ein dastehendes Motorrad

212

mit Beiwagen, er stößt die Tür auf und poltert in einen dunklen Hausflur, klopft an eine zweite Tür und öffnet sie hastig.

In einer Stube sitzen Menschen um einen Tisch. Auf dem Tisch steht eine Flasche, die Polen trinken Schnaps. Wodka ist es.

„Hej …", ertönt eine Stimme und zugleich springt ein Russe auf – so brüsk, dass der Stuhl umkippt und zu Boden poltert.

Zwei russische Soldaten sitzen in der Stube. Zwei große, breitschultrige Kerle. Sie sind nicht minder erschrocken als die Polen und der keuchende Deutsche an der Tür.

Da vollführt der eine Russe eine Bewegung zur Hüfte. Er hat den Mann dort als Deutschen erkannt. Alles vollzieht sich blitzschnell.

Willi schießt aus der Hüfte heraus. Mit dem Krach des Schusses sinkt der Russe in die Knie. Der zweite Russe springt heran. Noch ein Schuss kracht. Der Knall sprengt schier den Raum. Die Polen schreien auf und werfen sich zu Boden. Der Tisch fällt um. Die Schnapsflasche zerklirrt.

Willi sieht nur noch, dass der zweite Russe in die Knie bricht und mit glasigem Blick starrt; dann schlägt Willi die Tür zu und jagt aus dem Haus.

Nur fort.

Willi kommt es noch gar nicht zu Bewusstsein, dass er innerhalb weniger Sekunden zwei Menschen erschossen hat, die er nicht kannte, die ihm doch eigentlich nichts zu Leide getan haben.

Doch! Beide wollten schießen – auf ihn, den Ge-

213

hetzten, auf ihn, der ja nur Hilfe für ein sterbendes Mädchen holen wollte.

Willi verfolgt seine eigene Spur, und während er dem Wald zu läuft, wird es ihm klar, was geschehen ist. Es waren nur zwei Russen da, aber die Polen werden die anderen alarmieren, die irgendwo in der Nähe sein müssen.

Als Willi dort ankommt, wo ein unförmiger, schwarzer Fleck im Weiß zwischen den Bäumen hockt, und mit fliegendem Atem sprechen will, erhebt Emmes sich langsam.

„Tot", sagt er tonlos, „aus … sie ist tot."

Willi beugt sich zu der Gestalt nieder. Ein blasses, schmales Gesicht schimmert ihm aus der Kapuze entgegen.

„Sie ist nicht mehr zu sich gekommen", hört Willi den Freund sagen.

Willi verharrt eine Weile. Sein Atem wird flacher. Dann steht er auf und teilt Emmes mit, was er eben im Dorf erlebt hat.

„Wir müssen weg, Emmes, sonst haben wir die Brüder auf dem Hals. Sie werden den Wald absuchen, bestimmt."

Emmes rührt sich nicht. Er starrt durch die Baumlücken zum Himmel hinauf, als sähe er dort oben etwas überaus Seltsames.

„Du …", sagt Willi und rüttelt ihn am Arm, „hörst du nicht! Wir müssen weg!"

„Ich bleibe hier", sagt Emmes. „Ich mag nimmer, Willi … ich geb auf."

„Du bist wohl übergeschnappt, Emmes?"

„Nein, Willi – ich mag bloß nimmer. Geh allein weiter. Ich bleib bei ihr."

„Du bist verrückt!"

„Ich bin nicht verrückt, Willi, ich bin nur …" Er schlägt die Hände vors Gesicht und stößt einen Laut aus, der sich wie das Wimmern eines waidwunden Tieres anhört.

„Komm, Emmes", sagt Willi behutsam, „wir müssen fort, bevor es zu spät ist. Wir müssen sie dalassen … sie hat einen guten Ruheplatz hier. Niemand tut ihr mehr was zu Leide. Wenn man sie findet, wird man sie begraben … ganz sicher. Komm jetzt, Emmes – sei vernünftig."

Er hat ruhig und eindringlich gesprochen. Willi Röttger, der einfache Schlossergeselle, spürt, dass Emmes, sein bester und einziger Freund, den tiefsten Punkt seines Lebens erreicht hat, spürt, dass es nicht mehr tiefer gehen kann und das Dasein finsterer denn je geworden ist. Trotzdem, so sagt sich Willi, als er von der Toten seine Tarnjacke abnimmt und sie anzieht – trotzdem muss alles so weitergehen, wie es begonnen hat. Man darf nicht aufgeben! Man muss es immer wieder versuchen. Der Wunsch und Wille muss das Schicksal bezwingen … muss, muss, muss!

„Einen Augenblick noch", murmelt Emmes, als Willi ihn sanft am Arm packt und fortziehen will.

Emmerich Sailer nimmt die Mütze ab und senkt den Kopf. Eine Träne rollt ihm über die eingefallenen Wangen und tropft ihm auf die zu einer Faust geballten, betenden Hände … dann noch eine.

Emmerich Sailer weint. Er weint zum ersten Mal nach langer, langer Zeit, er weint nicht, weil er Petra heiß und innig geliebt hat, nein – er weint, weil das Schicksal so unbarmherzig mit den Menschen umgeht. Emmerichs Liebe zu diesem Mädchen war die Sehnsucht nach jenem Glück, das man irgendwo in der Heimat weiß.

Auch der andere steht im stummen Gebet da, doch er horcht dabei in die Nacht auf verdächtige Geräusche. Aber es rührt sich nichts, es bleibt still. Und irgendwo fällt mit dumpfem Laut Schnee von einem Baum.

Wortlos wendet sich Emmerich von der dunkel und still am Baumstamm lehnenden Gestalt ab und geht fort, gefolgt von Willi Röttger.

Sie gehen immer rascher und lassen eines ihrer traurigsten Kriegserlebnisse im Wald zurück.

216

10

Willi gibt sich fortan alle Mühe, den schweigsamen Weggenossen mit Geschichten und Geschwätz aufzumuntern. So zum Beispiel sagt Willi, dass jeder Mensch den „Linksdrall" habe und man diese Eigenschaft bei einem Orientierungsmarsch immer berücksichtigen müsse. Also müsse man sich, um nach Westen zu kommen, immer ein bisschen in nordwestliche Richtung halten, weil man durch den „Linksdrall" dann ganz automatisch in die Richtung gelange.

Und mehr noch schwatzt Willi, während sie die Nacht mit Marschieren ausfüllen; er kommt vom Hundertsten ins Tausendste, er erzählt aus der Lehre, dann wieder von seiner 500er BMW, die er sich vor dem Krieg gekauft, und mit der er einige Privatrennen abgehalten habe.

„Einmal hat's mich ganz saftig geschmissen. Das war so: Ich hab über hundertzwanzig Sachen drauf, komme aus einer Geraden und schneide die Kurve an. Da rutscht die Maschine weg, und ich flieg in hohem Bogen durch die Luft. Bauchlandung auf einer Wiese. Es hatte gerade geregnet, und ich zischte – hastewaskannste – auf dem Wasser weg … wie 'n Wasserflugzeug …"

Emmes ist ein schweigsamer Zuhörer geworden. Er dankt dem Kameraden im Stillen für das Geschwätz, aber es reißt ihn nicht von dem los, was im Wald zurückgelassen werden musste.

Immer wieder muss er an das stille Sterben des Mädchens denken. Still und tapfer, wie sie immer mitmarschiert ist, ist sie gestorben. Kurz vor dem letzten Atemzug hat sie noch einmal einen Namen geflüstert: „Emmerich". Dann ist es aus gewesen mit ihr. Ein leises Strecken des müden Körpers noch, ein kaum merkliches Zittern, und Emmes hat gewusst, dass sie den mühevollen Marsch überstanden hatte – alles. Auch die Angst, Kosaken oder Kalmücken in die Hände zu fallen.

Emmes und Willi rasten wieder.

Am höchsten Punkt eines mit Büschen und Bäumen bewachsenen Hügels sitzen sie im Schnee, kauen Brot und schauen in die erblassende Nacht.

„Du musst nicht mehr daran denken, Emmes", sagt Willi. „Es ist vorbei. Wir haben schon viele sterben sehen. Auf einen mehr oder weniger kommt es jetzt nicht mehr an."

„Sie war ein lieber Kerl, Willi."

„War sie, ja – ein ganz prima Mädchen. Wer weiß, was ihr alles erspart geblieben ist, Emmes."

„Ja, wer weiß", murmelt er gedankenvoll.

„Sollten wir's schaffen und durchkommen", sagt Willi, „werden wir – du oder ich – ihre Eltern aufsuchen und ihnen die Nachricht überbringen."

Schweigen.

Der Wind streicht kalt und winselnd über die Höhe hinweg und treibt dünnen Schneestaub vor sich her.

„Was sagt man in einem solchen Fall, Emmes?“, fragt Willi. „Muss man da erst lange drum rumreden, bis man es ihnen erzählt? Oder soll man es kurz und schmerzlos machen?“

„Hör auf davon, Willi. Jetzt nichts mehr davon.“

„Entschuldige“, brummt der andere.

Zehn Minuten später gehen sie weiter.

Es wird langsam Tag. Von den häufiger auftretenden Hügeln herab sehen die beiden Soldaten, dass auf den Straßen und in den herumliegenden Dörfern kriegerische Betriebsamkeit herrscht; Kolonnen auf den Straßen, Kolonnen in Dörfern. Der Russe vollzieht hier wahrscheinlich einen neuen Aufmarsch, und das Gebiet wird immer dichter besetzt.

„Es ist ein Wunder, dass wir noch nicht geschnappt worden sind“, sagt Willi. „Ich begreife es manchmal gar nicht, Emmes.“

„Ich auch nicht.“

„Wir sind wahrscheinlich Sonntagskinder“, grinst Willi. „Derweil bin ich an einem Donnerstag geboren. Mittags Punkt zwölfe. Ich soll auch gleich ganz schön geplärrt haben, hat mir meine Mutter erzählt.“

Weiter geht der Marsch ins Ungewisse. Selbst in den kleinsten Dörfern, denen sich die beiden Soldaten vorsichtig nähern, liegt russisches Militär und verrät den beiden, dass sie sich mitten im feindlichen Aufmarschgebiet befinden. Ein Herauskommen, ein Durchbruch nach drüben, scheint vollkommen ausgeschlossen zu sein.

Sie gehen mit dem Brot sehr sparsam um, denn

nun können sie nicht mehr betteln, weil jede Annäherung an ein Dorf größte Gefahr bedeutet. Also schlafen die beiden in eiskalten Hütten, in vereisten Strohschobern. Oft versinkt Emmes in ein dumpfes Brüten, aus dem Willi ihn herausreißt – mit guten, mit polternden Worten. Willi ist jetzt derjenige, der dem Kameraden gut zureden muss. Nur langsam findet Emmes sich zurück und wird wieder der, der er war. Als er die Karte herauszieht und sie studiert, ist Willi froh, denn er weiß jetzt, dass Emmes neue Zuversicht gefasst hat und an das Durchkommen glaubt.

Die Gegend ist wieder flacher geworden. Oft sehen sie berittene Sowjetpatrouillen. Kosaken. Gemächlich reiten sie die Straßen entlang in ihren langen Reitermänteln, die Pelzmützen auf dem Kopf, mit quer über dem Rücken hängenden Gewehren oder Maschinenpistolen.

Die Sonne hängt im Dunst, das Land ist mit hellem Nebel verhangen, der allmählich von der Sonne aufgesogen wird. Es ist auch nicht mehr so kalt, der Schnee wird klebrig und macht das Gehen mühevoll.

Am Nachmittag erreichen Emmes und Willi eine Bahnlinie. Erst sehen sie eine in Richtung Westen verlaufende Reihe Telefonstangen und dann, im vorsichtigen Näherkommen, den ziemlich flachen Bahndamm. Der Schnee hat die Geleise zugedeckt; es ist schon lange kein Zug mehr gefahren.

Emmes holt wieder die Landkarte aus der Tasche.

220

„Du", sagt er, als er sie eingehend betrachtet hat, „das ist die Bahnlinie nach Breslau."

„Mensch, das ist die erste gute Nachricht seit Wochen! Wir brauchen jetzt nur die Schienen entlangzutippeln." Willi reibt sich erfreut die Hände.

„Ja", sagt Emmes, „das ist der einfachste Weg. Aber wir müssen dann doppelt und dreifach aufpassen. Der Iwan wird die Bahnlinie bewachen."

Öd und verlassen zieht sich der verschneite Schienenweg nach Westen. Die Piste der Telefonmasten verläuft schnurgerade, an verschiedenen Stellen sind die Drähte abgerissen. Da und dort sieht man verschneite Granattrichter. Manchmal ist ein Telefonmast abgebrochen, und der Draht hängt wirr herum.

Zwei Stunden marschieren die Freunde den Bahndamm entlang. Sie kommen gut voran und passen scharf auf.

Es geht auf fünf Uhr zu, und die Sonne zieht sich wieder in helle Nebelbänke zurück, die Gegend wird undurchsichtig.

„Es muss bald 'ne Station kommen", sagt Willi, auf die immer häufiger auftauchenden Signaldrähte zeigend, die neben dem Schienenweg aus dem Schnee ragen.

Verschwommen und nebelig zeigt sich eine Station, eine größere Ortschaft. Aus dem Grau löst sich die Kontur eines Stellwerkes: ein hohes, schmales, hässliches Gebäude, dem sich die beiden mit größter Vorsicht nähern.

Die Schienen streben jetzt auseinander und werden zu Rangiergeleisen. Links steht ein abgestellter Personenzug. Die Lok fehlt. Noch ein Stück weiter taucht ein Güterzug auf. Emmes und Willi gehen darauf zu.

Stumm schauen sie die Waggons an. Es muss ein deutscher Verpflegungszug gewesen sein. Die Türen sind gewaltsam erbrochen worden. Zerbrochene Kisten liegen wirr umher, leere Säcke, man sieht unzählige Fußspuren im Schnee, die alles verraten. Hier haben die Polen geplündert und sich all das genommen, was sie lange entbehrt haben. Zerbrochene Flaschen deuten darauf hin, dass die Plünderer auch alkoholische Getränke gefunden haben. Beschmutzte, zertrampelte, steif gefrorene Militärklamotten liegen herum: Feldmützen und Drillichanzüge. Wer weiß, für wen sie bestimmt waren!

Emmes klaubt ein paar verstreut herumliegende Kartoffeln auf und steckt sie in die Taschen. Willi findet eine einzige Fleischkonserve. Das ist alles, was die Polen übrig gelassen haben. Vorsichtig nähern sie sich dem Stellwerk. Das graue Gebäude ist von Kugeln und MG-Garben zernarbt. Große Flecken Putz sind herausgeschossen worden. Die obere Etage mit dem Aufbau ist noch heil.

Willi hat die Tür gefunden und rüttelt an ihr; sie ist verschlossen. Plötzlich öffnet sich oben ein Fenster, und ein kahler Kopf schaut heraus.

„Pironje, was ist los?", ruft er herunter. Eine deutsche Stimme. „Seid ihr Deutsche?"

„Klar!", ruft Willi hinauf. „Macht auf!"

„Wartet, ich komm gleich", sagt der Kahlköpfige und verschwindet. Gleich darauf poltern hinter der Tür Schritte eine Treppe herab. Der Riegel knallt zurück, die Tür öffnet sich. Emmes und Willi haben sich links und rechts davon postiert, Karabiner und Pistole schussbereit. Man kann ja nicht wissen, ob dies hier eine Falle ist!

Ein älterer Mann im langen Militärmantel, ein zerknautschtes Krätzchen auf dem Kopf, steht auf der Schwelle.

„Servus, Kameraden", sagt er. „Braucht keine Angst zu haben, wir sind auch Deutsche. Kommt herein! Oben sitzt ein ganzer Haufen von uns."

Sechzehn Landesschützen halten sich in dem Stellwerk auf. Es sind durchwegs ältere Männer, mit denen sich die beiden Soldaten bekannt machen. Großes Hallo! Händeschütteln und Fragen über Woher und Wohin.

„Wir sind vor fünf Tagen aus Litzmannstadt gekommen", sagt einer der Landesschützen. „Unterwegs sind wir von den russischen Panzern eingeholt und überrollt worden."

Emmes und Willi sind von vielen neugierigen Gesichtern umringt. Alte, sorgenvolle oder gleichgültige Gesichter. Ein paar Landesschützen haben noch Waffen, andere haben sie unterwegs weggeworfen.

Ein Ofen bullert und verströmt wohlige Wärme. Essvorräte besitzen die Landesschützen fast gar nicht mehr. Sie haben schon tagelang nichts Gescheites mehr gegessen.

„Wir können nicht über Land gehen und organisieren", sagt einer von ihnen. „Überall sind die Russen. – Habt ihr was zu essen?"

Willi und Emmes sagen, sie hätten selber nur noch einen größeren Brotknust.

Das Thema „Essen" beherrscht die nächste Stunde. Die Mehrzahl der Landesschützen lehnt es ab, gewaltsam Verpflegung herbeizuschaffen.

„Wir sind keine Banditen", sagt ein grauhaariger Mann und schüttelt den Kopf, „wir überfallen keine Bauern, nur damit wir etwas zu essen kriegen."

„Was habt ihr sonst vor?", fragt Emmes.

Die Landesschützen schweigen. Keiner von ihnen weiß, wie es weitergehen soll. Sie sitzen einfach hier und warten – warten auf irgendetwas. Es genügt ihnen vorerst, dass der Ofen warm ist und noch keine Russen gekommen sind.

„Ihr könnt hier doch nicht hocken bleiben", sagt Emmes. „Schaut zu, dass ihr wegkommt, löst euch in ein paar kleine Gruppen auf und versucht, in Richtung Breslau durchzukommen."

Die alten Gesichter hören stumm zu. Ein paar nicken sogar, aber dann sagt der Grauhaarige:

„Es hat keinen Zweck, Kameraden. Es ist wohl besser, wir warten hier, bis die Russen kommen und uns ausheben."

„Das ist doch Blödsinn", bemerkt Willi. „Wollt ihr in Gefangenschaft?"

Schweigen.

Emmes und Willi tauschen einen Blick.

Diese alten Herren hier sind also entschlossen,

sich gefangen nehmen zu lassen. Sie warten nur darauf, dass die Sowjets kommen. Sie wagen es nicht, dieses Stellwerk zu verlassen, aus Angst, von den Russen unterwegs abgeschossen zu werden.

„Und ihr?", fragt der Grauhaarige. „Wollt ihr wirklich weiter? Ihr kommt nicht durch, Kameraden. Bleibt lieber hier und wartet mit uns, bis der Iwan kommt."

„Besten Dank", murmelt Willi und setzt die Mütze auf. „Wir marschieren weiter."

Noch eine Weile versuchen die Alten, die zwei Soldaten zum Bleiben zu überreden. Dann geben sie es auf.

Herzlich ist der Abschied von den müden Vaterlandsverteidigern. Der Wortführer der sechzehn stellt sich als Schulrat aus Korbach vor, geleitet Emmes und Willi hinunter und schüttelt ihnen noch einmal die Hände.

„Ihr seid jung", sagt er, „ihr könnt es riskieren, aber wir Alten – mein Gott, wir kämen ja nicht weit."

„Habt ihr keine Angst vor der Gefangenschaft?", fragt Willi.

„Je nun", erwidert der Schulrat, „wir haben es uns reiflich überlegt. Gefangenschaft ist besser als der Heldentod. Der Krieg ist bald aus, und wir hoffen, dass wir nicht allzu lange hinter dem Stacheldraht bleiben werden."

„Dann macht's gut'", sagt Willi. „Viel Glück!"

„Lebt wohl, Kameraden! Kommt gut durch! Und wenn – dann grüßt die Heimat von uns!"

Emmes und Willi gehen davon. Als sie sich umschauen, steht der Landesschütze noch immer unter der Tür des zerschossenen Stellwerkes und winkt mit der Mütze.

„Vielleicht ist's nicht mal so schlecht, was die vorhaben", sagt Willi zu Emmes. „Wir könnten es uns …"

„Nein", unterbricht der andere, „kommt net in Frage. Entweder so oder so!"

„Meinetwegen", murmelt Willi. „Machen wir also weiter, es ist ja alles piepegal."

Emmerich Sailer und Willi Röttger sind wieder allein. Sie gehen hinter dem langen, toten Güterzug entlang und wissen nicht, was ihnen die nächsten Stunden bringen werden.

Bevor sie das Stellwerk verlassen hatten, kochten sie sich die aufgeklaubten Kartoffeln. Zusammen mit dem harten Brotknust ist das die Marschverpflegung für eine unbestimmbare Marschzeit.

Trotzdem ist der Mut der beiden nicht gesunken. Mit dem Verlassen der sechzehn müden Landesschützen haben Emmes und Willi auch das Zaudern hinter sich gelassen, den züngelnden und ein wenig lockend wirkenden Gedanken an eine Kapitulation vor dem Schicksal.

Leise knirscht der Schnee unter den Schritten. Der Nebel ist verschwunden, sternklar ist die Nacht, und der Mond rüstet sich zu seiner nächtlichen Wanderung durch das dunkle All.

Still ist die Nacht. Der brodelnde Lärm fahren-

der Panzer, ratternder Lastwagen und marschie-
render Kolonnen ist verstummt. Die Stille wirkt
unheimlich und schafft den beiden Wanderern das
Gefühl, allein auf der Welt zu sein.

Doch sie sind es nicht. In den Dörfern, die auftauchen, ist Leben – flüsterndes, verängstigtes Leben oder rau lachendes, den Sieg feierndes.

Willi hat nachgerechnet, dass der Russe nun
schon seit elf Tagen gegen Westen marschiert. Ist
er nicht mehr aufzuhalten? Wird er bald Breslau
erreichen und zu einer letzten großen Kraftan-
strengung ansetzen, um das letzte Stück Weg bis
Berlin freizukämpfen und den endgültigen Sieg an
die rote Fahne zu heften?

Brot und die süßlich schmeckenden, weil erfro-
renen Kartoffeln sind aufgezehrt. Der Hunger beginnt wieder zu nagen.

Taghell ist die Nacht, und der Nebel, der verschwunden ist, hat Raureif auf die Bäume gelegt.
Das Land sieht verzaubert aus, weltentrückt, von
einem trügerischen Frieden überhaucht.

Die Nachtmusik Polens: heulende, frierende,
streunende Hunde. Da und dort klagt ein Köter
oder schnürt als dunkler, huschender Schatten über
das große, weiße Leichentuch.

Emmes und Willi verfolgen noch immer den
Schienenweg; er ist wieder im Schnee verschwunden. Die Füße finden aber trotzdem die Richtung.

Trab-trab-trab-trab … und der Schnee knirscht
dazu. Stundenlang. Immerfort. Sie schweigen, die
Gedanken kreisen nur um eines: Kommen wir

durch? Wo sind die Kameraden, die wir suchen? Wo ist das Ende dieses elenden Marsches?

Ein Dorf taucht auf. Was ist dort? Kann man es wagen, hineinzugehen?

Ihr Tempo wird langsamer, sie wittern wie misstrauische Tiere, die der Hunger zu dem ausgestreuten Futter treibt. Da zucken kleine Blitze am Dorfrand auf. Ein MG beginnt zu rattern. Träg im Rhythmus, wie russische Maschinengewehre zu hämmern pflegen.

Die Garben zischen ihnen um die Ohren, die Kugeln puffen in den Schnee. Ein paar Querschläger, die den Schienenstrang getroffen haben, puien davon.

Emmes und Willi haben sich niedergeworfen, robben vom Bahndamm herunter, erheben sich und rennen geduckt übers freie Feld. Auf einen dunklen Streifen zu – den Wald, den rettenden, schützenden Wald, in dem die Angst verebben kann, in dem die Fliehenden sich wieder fassen können.

Keuchend, verschwitzt, mit fliegenden Pulsen – so hocken sie im Schnee. Wie schon so oft! Sie sprechen nicht. Was soll man auch reden? – Dass es wieder einmal gut gegangen ist? Dass man wieder einmal davongekommen ist?

„Du", sagt Willi nach einer Weile, „vielleicht sind die Opas im Stellwerk doch nicht so dämlich und machen das Richtige."

„Willst lieber Stacheldraht sehen?"

„Es wär nicht das Schlechteste."

„Und wenn du dahinter stehst, dann denkst du daran, dass du es hättest doch versuchen müssen, aber dann ist es zu spät, dann kommst nimmer raus und bleibst, bis sie dich heimschicken."

„Da hast du auch wieder Recht. – Dammich, bald hab ich aber die Nase voll."

„Alles gehört zum Fahneneid, Willi … dem schönen Fahneneid. Weißt du noch – damals? …" Emmes zitiert den Fahneneid, er sagt ihn höhnisch daher und schlägt sich dann klatschend auf den Schenkel. „Wir haben also geschworen, dass wir uns umbringen lassen müssen. – Willst du dich umbringen lassen, ha? Sag es jetzt, Willi? Willst du dich von einem Russen in den Schnee legen lassen?"

„Nee."

„Ich auch nimmer", murmelt Emmes, „jetzt nimmer!"

„Vor drei Tagen hast du anders geredet, Emmes."

„Das ist vorbei, Willi. Ich will leben. Ich will mein Mutterl wieder sehn."

„Ich auch. – Werden wir ihnen erzählen, was wir erlebt haben?"

„Nein … vielleicht später einmal, wenn Jahre vergangen sind."

„Wann wird's sein, Emmes … wann bloß? Mir wird angst und bang, wenn ich daran denk, was uns erwartet, wenn wir es doch schaffen und drüben ankommen sollten."

„Der Zusammenbruch? Der kommt, Willi – der

ist schon da. Du hörst es ja knistern und prasseln … grad so, als tät langsam ein Haus zusammenfallen. Aber man kann ein zusammengefallenes Haus wieder aufbauen, und daran glaub' ich, Willi."

Sie schweigen. Sitzen im Wald im Schnee und verschnaufen. Sie denken an das, was sie gesagt haben, und spüren die Katastrophe mit kaltem Atem heranwehen. Von überall. Von allen Seiten. Das macht sie frieren.

„Gehn wir weiter."

Es ist immer wieder der gleiche Befehl, nur dass ihn einmal der eine, dann der andere gibt.

Trab-trab-trab-trab … und der Schnee knirscht wieder unter ihren müden Schritten …

Am liebsten wandern sie an den Waldrändern entlang, und es sind genug da, viele, immer wieder Waldränder und dahinter der schützende Freund, dem sie sich schon so oft in die Arme gestürzt haben, und der Totes aufnahm und Stille über das Gestorbene breitete. Stille Andacht, stilles Dastehen und Trauern.

Auf einer Waldlichtung stehen zwei baufällige Hütten. Wie müde Bettler ragen sie aus dem Weiß, lichtlos, vergessen und armselig.

Die Soldaten meinen erst, es seien Scheunen, aber es ist eine menschliche Behausung; das verrät der Stummelschornstein auf dem Strohdach.

Emmes klopft an. Nichts rührt sich. Irgendwo gackert plötzlich ein aufgescheuchtes Huhn. Der Hahn stößt alarmierende Rufe aus.

Da rennt Willi mit der Schulter gegen die Haustür und bricht sie auf. Essen muss her! Ohne Essen kann man nicht weiter marschieren!

Sie tapsen in einen finsteren, übel riechenden Hausflur. Emmes reißt ein Streichholz an. Leuchtet herum. Dann öffnen sie eine zweite Tür und leuchten in einen niedrigen, warmen, nach Armut riechenden Raum.

Im flackernden Schein des abbrennenden Streichholzes liegt vor ihnen eine armselige Stube. In der Ecke steht ein Bett, aus dem zwei zu Tode erschrockene Gesichter schauen – zwei alte Gesichter. Eine Frau und ein Mann. Die Frau wimmert vor Angst, der Mann, weißhaarig und bärtig, rollt wild mit den Augen und stößt unartikulierte Laute aus.

Das Streichholz verlischt. Emmes sucht die Taschenlampe. Ihr Schein ist schwach, da die Batterie leer wird.

„Habt keine Angst", sagt Emmes, „wir sind Deutsche … wir wollen nur fragen, ob ihr uns was zu essen geben könnt."

Der weißhaarige Alte fuchtelt jetzt mit den dürren Armen in der Luft herum. Die Frau krabbelt aus dem Bett. Sie ist angezogen, trägt einen zerfetzten Rock und eine unansehnliche Wolljacke, die sie schamhaft vor der Brust zusammenzieht.

„Wir haben nichts", sagt die alte Frau mit zitternder Stimme, „wir sind ganz arm … ihr seht es doch." Sie spricht das harte Deutsch der Grenzbewohner und tappt auf Strümpfen zu einem mor-

231

schen Schrank, öffnet die Tür und holt ein halbes Brot heraus, das sie den beiden Soldaten reicht.

„Da … nehmt … mehr haben wir nicht … wir sind ganz arm."

Emmes und Willi schämen sich.

„Lass man, Oma", murmelt Willi und wendet sich zur Tür. „Komm, Emmes – geh'n wir. Die haben selber nischt. Nehmen wir ihnen nichts weg."

Der Mann im Bett scheint taubstumm zu sein. Er wühlt noch immer mit den dürren Armen in der Luft herum und gurgelt unverständliche Laute.

Hastig verlassen die beiden das Haus. Drüben im Stall gackern die Hühner.

„Holen wir uns eins?", meint Emmes.

„Nee – lieber hungere ich", sagt der andere und geht ärgerlich davon.

Hinter dem Wald liegen noch ein paar kleine Höfe, in denen die beiden es versuchen. In einem der Höfe ist man schon wach. Als Emmes und Willi das kleine Viereck betreten, dampft ein Kessel am Hof, aus dem der Geruch gekochter Kartoffeln strömt. Schweinefutter.

Gerade als Willi den Deckel des Kessels hebt und in die dampfenden Kartoffeln hineingreift, kommt aus dem Wohnhaus eine Frau. Auch sie erschrickt, will spornstreichs umkehren und ins Haus laufen. Willi ruft sie an und erklärt ihr rasch, worum es geht.

„Nur ein paar Kartoschki", sagt er bittend. „Wir wollen sonst nichts."

„Nehmt euch, was ihr braucht", sagt sie und

mustert die Soldaten mit der Scheu eines Menschen, der schon viel Übles erlebt hat.

Emmes und Willi stopfen sich die Taschen mit den heißen Kartoffeln voll, bedanken sich für das Schweinefutter, und dann fragt Willi die Frau:

„Wie weit ist es noch bis zur Warthe?"

„Nicht mehr weit", sagt sie, „zwei Kilometer noch."

„Und bis zur Stadt Warthe?", erkundigt sich Emmes.

„Eine Stunde."

„Sind Russen in der Stadt?", forscht Emmes weiter.

„Ja, viele Russen", sagt die Frau. „Passt auf, dass sie euch nicht totschießen."

„Waren deutsche Soldaten hier?"

„Ja, eine Menge … vor vier Tagen, aber dann sind sie fort, und die Russen sind gekommen … viele Russen."

Noch ein paar Dankesworte, dann marschieren die beiden weiter.

Unterwegs essen sie die heißen Kartoffeln. Mit der Schale. Sie schmecken wundervoll. Dass es Schweinefutter ist, kommt ihnen nicht zu Bewusstsein. Hauptsache, der knurrende Magen hat etwas zum Verdauen.

Das Gelände ist flach und wird in westlicher Richtung hügelig. Bäume und Strauchwerk bedecken die Hügel, und darüber hängt ein hellgrauer Himmel. Von der Sonne ist nichts zu sehen. Irgendwo im Osten steht sie noch und vermag nicht,

233

die graue, hoch liegende Dunstdecke zu durch-
leuchten.

Still ist der Morgen, ohne Leben, ohne Wind-
hauch. Auch scheint es wärmer geworden zu sein.
Der Schnee knirscht nicht mehr unter den Stiefel-
sohlen.

Sie sind satt geworden vom Kartoffelessen.
Schwer liegt die Speise im Magen.

Emmes und Willi schweigen. Im Gleichschritt,
wie schon seit Tagen und Wochen, gehen sie über
die flache Flur, steigen langsam den Hügel hinan
und nähern sich mit der Vorsicht scheuer Tiere
dem Scheitelpunkt.

Da ducken sich beide und verharren ein paar
Augenblicke in regungslosem Erschrecken.

Eine breite Straße zieht sich von Norden nach
Süden, eingesäumt von Büschen und Bäumen.
Schnurgerade ist die Straße, doch ohne Leben,
einsam und still, so weit der Blick reicht. Sie spä-
hen den Hang hinab und sehen sich dann betroffen an.

„Du", sagt Willi, „das ist doch ... das ist doch
keine Straße!"

Der andere grinst. „Die Warthe ist es ... die
Warthe!"

„Mensch, Emmes!", jubelt Willi und boxt den
Freund in die Seite. „Wir haben es geschafft!"

Emmes hat die Karte aus der Tasche gezogen,
sie im Schnee ausgebreitet. Zwei Köpfe beugen
sich darüber.

„Ja, die Warthe muss da sein", sagt Emmes.

Sie schauen zu dem Fluss hinab, der schnurgerade aus Norden kommt und das Hügelland durchschneidet. Er ist zugefroren. An verschiedenen Stellen hat der Wind das Eis blank gefegt, und es schimmert graublau, es muss sehr dick und tragfest sein. Das westliche Ufer steigt ziemlich hoch an und bildet einen langen Hügelrücken, mit Sträuchern und Bäumen bewachsen, und darüber der eintönig graue Himmel.

Emmes und Willi eilen den Hang hinab und erreichen den zugefrorenen Fluss. Das Eis ist blank und spiegelglatt. Nirgends sind Spuren zu sehen, die darauf schließen ließen, dass jemand den Fluss nach dieser oder jener Seite hin überquert hat.

Die Erregung der beiden ist groß. Sie erwarten in jeder Sekunde ein lautes, deutsches „Halt!".

Aber es bleibt still.

Ein schillernder Eisvogel fliegt mit schrillem Ruf am jenseitigen Ufer entlang und verschwindet im vereisten Strauchwerk. Emmes und Willi schlittern, rutschen, tasten sich über den Fluss und dringen in einen verschneiten Erlenwald ein. Doch gleich dahinter steigt der Hügel steil an.

Schnaufend hasten die beiden hinauf und erreichen den Hügelkamm.

Die Luft steht still, kein Laut ist zu hören. Mit fliegendem Atem schauen sie sich um.

Aus dem Schnee ragen spanische Reiter. Rostender Stacheldraht zieht sich von Norden nach Süden den Hügelkamm entlang. Die Stille ist unheimlich. Sogar der Wind scheint den Atem anzuhalten, um den starren Frieden nicht zu stören, der über dem Lande liegt.

Ihnen kommt ein trübes Ahnen. Wortlos arbeiten sie sich durch den Stacheldrahtverhau hindurch und gelangen bald darauf zu verschneiten, verlassen daliegenden Stellungen. Ein paar Stahlhelme, ein paar erbrochene Kisten, ein einsam dastehender MG-Tisch, das ist alles, was Emmes und Willi von der deutschen Wehrmacht vorfinden.

Fort sind sie. Alle. Erdbunker und Laufgräben sind verlassen, leer. Nichts deutet auf einen Kampf hin. Nirgendwo ist ein rußgeschwärzter Granattrichter, eine Einschlagstelle zu sehen. Kampflos ist die Stellung am westlichen Wartheufer geräumt worden.

Wo sind sie hin, die einstmals so siegreichen Deutschen? Wozu wurde dies alles gebaut?

Emmes und Willi sitzen stumm im Schnee, die Köpfe in die Hände gestützt, mit leeren Gesichtern.

„Du", sagt Willi dumpf, „der Krieg ist längst aus. Man hat vergessen, es uns zu sagen."

Der andere schweigt. Er reibt sich mit beiden Händen das Gesicht, als müsse er sich munter machen oder etwas wegwischen, was man nicht glauben kann.

Aber das Bild bleibt: die verlassene Stellung, der halb zugewehte Graben mit seinen Windungen und Vorsprüngen, Sappen und Verbindungsgängen.

Wie in Litzmannstadt, wie in Ruda, wie überall,

236

so ist auch hier das einstmals unter blutigen Opfern eroberte Land geräumt worden. Der Stacheldraht ist nicht zerschossen, die Erdbunker sind nicht gesprengt worden. Vergessen weht über den verlassenen Hügelkamm. Zehntausende Polen haben an diesen Befestigungswerken ihre Kraft vertan, Zehntausende junge Deutsche haben geschuftet – im festen Glauben, dass dieses Werk Deutschlands Sicherheit diene und den Feind aufhalten werde. Nichts ist daraus geworden. Alles vertan, alles verspielt, was in Berlin und in der Wolfsschanze von ein paar Hirnen ausgedacht wurde.

Niedergeschlagen erheben sie sich und suchen einen Erdbunker auf, um darin zu schlafen. So dient er wenigstens noch einem Zweck.

Die Stadt Warthe ist in den Händen der Sowjets. Emmerich Sailer und Willi Röttger umgehen sie in einem weiten Bogen. In jedem Dorf, das sie misstrauisch aus der Entfernung beobachten, sind russische Streitkräfte. Man hört Peitschenknallen, Räderrollen oder Motorengeräusche.

Noch immer glauben die beiden Obergefreiten daran, dass sie irgendwo durchschlüpfen können, einen Weg, einen Pfad finden, um die Kameraden einzuholen, die sich vor ihnen immer weiter nach Westen zurückzuziehen.

Der Hunger meldet sich wieder.

„Jetzt ist mir alles egal", sagt Emmes. „Jetzt verschachern wir meine Uhr."

Die Uhr ist ein Erbstück. Emmerichs Vater hat

sie viele Jahre getragen. Jetzt soll sie für ein bisschen Essen hergegeben werden. Es fällt Emmes schwer. Aber es muss sein.

Der Bauer, den sie aufsuchen, nimmt die Uhr, horcht daran, mustert sie wohlgefällig und nickt schließlich.

„Gutte Uhr", sagt er. „Ich euch geben Wurst, Brot und Butter."

„Her damit", murmelt Emmes, und sie bekommen zwei große, geräucherte Blutwürste, ein Bauernbrot und ein Stück Butter. Im Wald stürzen sie sich über die Speisen her, schlingen wie Wölfe und sättigen sich. Dann suchen sie sich eine Schlafstelle und verkriechen sich in schilfigem Heu.

Sie zählen nicht mehr die Tage, sie wissen nicht einmal mehr, wie lange sie schon unterwegs sind und inmitten der zahlreichen Feinde herumirren. Ihre Füße sind wund gelaufen, doch sie achten nicht darauf. Unverdrossen, mit zusammengebissenen Zähnen klammern sie sich an die Hoffnung, auf die Kameraden zu stoßen, in die große Gemeinschaft zurückzukehren, über die schon die Schatten der Niederlage gesunken sind.

Emmerich Sailer und Willi Röttger wissen nicht, dass das deutsche Ostheer von der sowjetischen Übermacht auseinander gerissen und in viele vereinzelt kämpfende Teile aufgesplittert ist. Die beiden haben keine Gelegenheit, den deutschen Wehrmachtsbericht zu hören, der von „wandernden Kesseln" spricht. Sie befinden sich in einem dieser wandernden Kessel, sind mittendrin, während die zersplitterten Deutschen sich kämpfend einen Weg nach Westen bahnen und die deutsche Ostgrenze zu erreichen versuchen.

Umbrandet von zahllosen sowjetischen Panzern und roten Infanteriemassen, lassen sich die deutschen Truppenreste in keinen bindenden Kampf mehr ein, während die Sowjets immer wieder versuchen, den gegen Westen wandernden Kessel irgendwo endgültig einzuschließen und zu vernichten. Dass dies nicht gelingen will, liegt daran, dass in diesem Kessel noch starke deutsche Kampfgruppen der Division „Großdeutschland" und Splittergruppen der „Hermann Göring" und der so genannten Gespensterdivison „Brandenburg" eingeschlossen sind.

Diese Kampfgruppen haben noch gute Waffen und ausreichend Munition, sie wehren sich auch, wo sie dazu gezwungen werden, aber sie sehen sich außer Stande, dem zahlenmäßig überlegenen Gegner ein Halt entgegenzusetzen. Der wandernde Kessel, von dessen Vorhandensein die versprengten Obergefreiten keine Ahnung haben, schiebt sich unablässig nach Westen. Am Ostende dieses Kessels wird erbittert gekämpft, da feuern noch deutsche Panzer- und Sturmgeschütze, da krachen noch die Acht-acht mit Selbstfahrlafetten. Der Gegner aber lässt sich nicht abschütteln und stößt immer wieder mit seinen starken Kräften nach. So sind sehr schmale Stellen, Durchmarschgassen, entstanden, deren Ränder von deutschen Sicherungsgruppen erbittert und entschlossen verteidigt werden, während anderswo wiederum der Anschein erweckt wird, der Krieg sei aus und verloren.

Emmerich Sailer und Willi Röttger wissen nichts von der Sorge der noch befehlenden Truppenführer, wissen nicht, dass die letzten deutschen Panzer im Feuer der Gegenseite brennend liegen bleiben und der Rest sich zurückziehen muss; wissen nicht, dass wohl viel Munition, dafür aber kaum noch Treibstoff vorhanden ist.

Da die beiden menschliche Behausungen meiden, um nicht noch in der letzten Runde den Fangschuss zu bekommen, erfahren sie nicht, dass noch vor zwei Tagen deutsche Kampfgruppen durch die Dörfer gekommen sind, denen russische und dann wieder deutsche folgten. Die Polen wissen ja selbst nicht, wie alles zugeht und was dieses uniformierte Durcheinander zu bedeuten hat. Waren es vorhin noch Deutsche, die den Polen das Vieh, das letzte Brot weggeholt haben, so sind die nächsten Russen, die auf dem Hof herumbrüllen und den Leuten Angst und Schrecken einflößen, und sind die Russen weg, kommen wieder abgerissene Deutsche und fangen von neuem an, nach Brot und Eiern zu suchen.

Die polnische Bevölkerung duckt sich ängstlich unter diesem ständigen Wechsel der Geschehnisse, leidet und duldet nicht weniger als jene, die ihr nacktes Leben zu retten versuchen und zwischen den beweglichen Fronten herumirren.

„Komm", sagt Emmes, als sie in einer einsamen

Feldscheune genächtigt haben, „schmeißen wir alles weg, was sie uns an den Rock gehängt haben. Jetzt hilft uns kein EK mehr … weg mit dem Zeug."

Willi zögert noch, kann sich nicht recht trennen von EK zwei und Sturmabzeichen, dann nestelt er es aber doch ab und steckt es in die Tasche.

„Nun sind wir bald nackt", brummelt Willi, „jetzt fehlt nur noch, dass wir auch die Klamotten wegschmeißen."

„Na, na, die behalten wir schon noch", lacht Emmes. Es ist das erste Mal, dass er lacht. Seit Petra Linge im Wald zurückgelassen werden musste, hat der Steiermärker nicht mehr gelacht. Erst jetzt, als er seine Auszeichnungen abtrennt und einfach wegwirft. In den Schnee.

Sie verlassen die Scheune und stapfen einem Waldstreifen entgegen.

„Es kommt Tauwetter", sagt Emmes. „Der Wald wird schwarz … schau … das ist das sicherste Zeichen."

„Ist mir doch Wurscht", murmelt Willi, der an die Scheune denkt, vor der sie sich von ihren Auszeichnungen getrennt haben.

Sie durchqueren den Wald, und als sie aus ihm heraustreten, sehen sie im blendenden Licht der Sonne ein Fahrzeug auf der Straße stehen.

Im ersten Augenblick erschrecken sie, werfen sich wie schon so oft blitzschnell in den Schnee und äugen misstrauisch zu dem dunklen Punkt hinüber.

„Du, das ist doch ein deutscher Schützenpanzer", sagt Willi.

„Also … ich fress 'n Besen, Emmes – das ist 'n deutscher Schützenpanzer!"

Emmes blinzelt in das grelle Sonnenlicht. Und da will es ihm vorkommen, als sehe er schmutzig weiße Tarnanzüge auf dem Fahrzeug. Ein paar laufen um den Schützenpanzer herum.

„Russen haben doch keine Tarnanzüge", stößt Willi erregt hervor, „die Russen tragen sie nur, wenn sie Späh- oder Stoßtruppunternehmen machen. Du, Emmes, das sind unsere Kumpels!" Willi springt auf.

„Wart doch noch, du Depp!", ruft Emmes, aber Willi ist nicht mehr zu halten.

Winkend, schreiend, so rennt er über das Feld auf den Panzer zu: „Hallo … Kameraden! Wir sind Deutsche! Nicht schießen … nicht schießen!"

Die Fahrzeugbesatzung rührt sich nicht und bleibt teilnahmslos. Die drei Gestalten, die herumgelaufen sind, sitzen auf. Der Motor heult. Dann fährt der Schützenpanzer weiter.

„Ihr blöden Hunde!", kreischt Willi mit Tränen in den Augen. „Ihr Idioten! Wartet doch … haut nicht wieder ab!"

Der Schützenpanzer ist verschwunden; man hört nur noch ein schwaches Summen.

Willi wischt sich mit dem Handrücken über die Augen. Emmes ist herangekommen und klopft ihm aufmunternd die Schulter.

„Macht nix, Willi", sagt Emmes, „wir haben es geschafft. Bald werden wir andere von uns treffen … ganz sicher. – Los, gehen wir weiter." Und der Steiermärker beginnt plötzlich zu pfeifen; er pfeift den „Holzhacker-Marsch". Es klingt sehr fröhlich. Und da wird auch Willi wieder zuversichtlich und nimmt den Schritt des Freundes auf.

Sie kommen nicht weit, als hinter ihnen Motorgeräusche ertönen.

Flugs springen sie in den Straßengraben und schauen die Straße zurück. Vier … fünf Schützenpanzer kommen angerollt. Deutsche Schützenpanzer.

„Hurra!", schreit Willi und vollführt Luftsprünge. „Gerettet! Gerettet!"

Der Steiermärker nickt. Und dann stehen beide auf der Straße und sehen nach langer Zeit wieder deutsche Kameraden. Doch niemand fragt, keiner will etwas wissen.

„Steigt auf!", ruft eine raue Stimme.

Da klimmen Emmerich Sailer und Willi Röttger auf den letzten Schützenpanzer, werden von kräftigen Fäusten gepackt und hineingezogen.

Eine abenteuerliche Wanderung scheint zu Ende zu sein. Die beiden Soldaten haben die weichende Front eingeholt.

11

Die Kampflinie ist ganz in der Nähe. Schon im nächsten Dorf stehen deutsche Panzer im erbitterten Gefecht mit sowjetischen. Man hört die klirrenden Abschüsse vieler Panzerkanonen und das Lärmen der Detonationen. Nur kurz ist das Gefecht. Als neue Sowjetpanzer mit aufgesessener Infanterie anrollen, ziehen sich die Deutschen zurück.

Emmes und Willi sind bei einem fremden Haufen. Panzergrenadiere nennt er sich. Jeder Zweite stammt von einer anderen Einheit und ist zugelaufen. Von einer Führung ist nichts zu spüren. Jeder tut, was ihm beliebt.

Hier erfahren Willi und Emmes zum ersten Male etwas von der allgemeinen Lage. Sie ist trostlos genug.

„Beschissen", sagt ein Soldat und kennzeichnet damit sehr treffend die Situation. „In Ostrow und Kalisch sind die Russen. Wir schaun jetzt, dass wir in Richtung Breslau durchkommen. Aber das wird verdammt schwer sein."

„Wo können wir was zu fressen kriegen?", fragt Willi den Soldaten.

„Weiß doch ich nicht. Müsst schon sehen, wo ihr was herkriegt."

Die Stimmung in der Truppe ist schlecht. Jeder denkt nur noch an sich.

Als Emmes und Willi eine Feldküche finden und sich mit in die Schlange der Essenholer schmuggeln wollen, greift sie ein Hauptfeldwebel mit den Worten:

„Wo kommt ihr Heinis denn her? Schert euch weg, sonst mach ich euch Beine!"

„Herr Hauptfeldwebel", sagt Emmes, „wir haben uns über hundertfünfzig Kilometer von Rawa bis hierher durchgeschlagen, wir …"

„Das ist mir doch egal!", unterbricht der Spieß grob. „Haut ab!"

Die anderen Essenholer werfen scheele Blicke auf die beiden bartstruppigen Soldaten. Niemand lässt sich das Essen wegnehmen. Man neidet es einander, man beißt um sich, wie es Hunde um einen Knochen zu tun pflegen.

Emmes und Willi schleichen davon. Ein bitteres Gefühl muss hinuntergewürgt werden. Da hat man tage- und wochenlang an nichts anderes gedacht als an das Zusammentreffen mit den Kameraden, und jetzt wird man wie der letzte Dreck behandelt.

„Es ist koa Liab mehr unter den Menschen", seufzt Emmes. „Da kannst nix machn, Spezl. Suchen wir uns woanders was zu fressen."

Bei einem Müller klopfen sie an. Der Müller, ein vierschrötiger Kerl mit einem grauen Zausebart, ist sehr wütend und schimpft auf die Deutschen. Man habe ihm alle Korn- und Mehlsäcke aufgeschnitten und in seinem Speicher arge Verwüstungen angestellt.

„Schert euch zum Teufel!", schreit er erbost und knallt den beiden die Tür vor der Nase zu.

Emmes und Willi finden schließlich doch noch ein Quartier. Bei ganz armen Leuten. Immer sind es die Ärmsten, die helfen. Das Ehepaar lässt die beiden zu sich an den Tisch setzen, stellt einen Topf Milchsuppe hin und bietet ihnen dann auch noch das Sofa zum Schlafen an.

Heißhungrig stürzen sie sich über das Essen her. Dann legen sie sich auf das Sofa und schlafen ein. Aber die Ruhe dauert nicht lange. Ein fremder Offizier ist im Zimmer und schreit die Schläfer wach.

„Los, raus mit euch! Wollt ihr euch vom Russen kaschen lassen!"

„Nein, Herr …", stottern die aus dem Schlaf Gerissenen und springen auf.

Sie kommen nicht mehr dazu, den Eheleuten zu danken. Draußen klirren Panzer vorüber. Deutsche Panzer. Auf dem Rückzug.

An der Straßenkreuzung Posen–Breslau steht ein Einweisungsoffizier und brüllt mit krebsrotem Gesicht den Panzerkommandanten Befehle zu.

Alle in der Umgebung befindlichen Panzer sollen zusammengezogen werden, um einen Gegenangriff zu fahren. Auch Artillerie soll da sein. Der Angriff soll auf Posen erfolgen.

Emmes und Willi marschieren in einem losen Haufen. Hier wird von dem bevorstehenden Angriff gesprochen. Ein junger Leutnant versucht mit heller Stimme, den Haufen in Ordnung zu halten. Vergebens.

Zwei Stunden später hört man, dass der auf Posen geplante Angriff abgeblasen worden sei.

„Ich schau zu, dass ich heimkomm", sagt ein fremder Soldat zu Emmes. „Und wenn ich dir 'n Rat geben soll – dann hau ab, bevor du eins verpasst kriegst. Der Krieg ist aus, sag ich."

Emmes hätte sich mit dem Stabsgefreiten noch lange über Sinn und Unsinn der Zeit unterhalten, wenn nicht jemand links drüben in einem kahlen Obstgarten ein Bienenhaus entdeckt hätte. Ein Dutzend Soldaten stürmt darauf zu, bricht die Tür auf, holt die Honigwaben heraus und stört so den friedlichen Schlaf etlicher Bienenvölker.

Honig ist eine Seltenheit. Auch Emmes und Willi ergattern ein paar der süßen Waben und verspeisen sie mit großem Genuss. In den Häusern gibt es ja nicht mehr viel zu holen. Die polnische Bevölkerung hungert selbst und versteckt ihr Letztes vor den auf der Suche nach Lebensmitteln herumstreunenden deutschen Soldaten.

Die Straßen sind mit Fahrzeugen voll gestopft. Meistens sind es Trossfahrzeuge, die nach Westen durchkommen wollen. Dazwischen aber zockeln auch polnische Flüchtlinge, deren Los ebenso ungewiss ist wie das der zurückflutenden Deutschen. Auf elenden Wagen versuchen sie, ihre Habseligkeiten vor den anrückenden Sowjets zu retten. Frauen und Kinder, alte Leute, eingemummt in Decken und Bettzeug, sitzen auf den Schlitten oder Karren, die magere Gäule ziehen.

Der Jammer des Krieges ist überall zu sehen; er

nimmt kein Ende und winselt, wenn irgendwo in der Nähe geschossen wird oder rote Schlachtflieger auftauchen und das Chaos auf den Rückzugsstraßen mit Bomben und Bordkanonen vergrößern.

Auch Emmes und Willi schleusen sich in diese Rückzugsbewegung ein. Als sie gegen Abend an einem umgestürzten Verpflegungswagen vorbeikommen, sehen sie eine Menschenmasse dort herumwimmeln. Dauerbrote, Knäckebrot, steinharte Zwiebacke liegen verstreut umher. Schreiend balgen sich Flüchtlinge und Soldaten um diesen Fund.

Willi und Emmes gelingt es, rasch ein paar Dauerbrote aufzusammeln. Jetzt haben sie wieder Verpflegung, die etwa drei bis vier Tage ausreichen muss. Ein paar Kilometer weiter finden sie noch einen überfahrenen Hasen. Emmes hebt ihn auf und stopft ihn in den Rucksack.

„Das gibt einen feinen Braten", sagt er grinsend.
„Mir wässert schon 's Maul", lacht Willi.

Die nächste Ortschaft, die sie erreichen, heißt Krotoschin. Am Ortsrand sind zwei schwere Batterien in Stellung gegangen und haben ihre Rohre Richtung Osten gerichtet. Im Augenblick ist also ein überraschendes Auftauchen der Sowjets nicht zu befürchten, und Krotoschin kann für einige Zeit als Rastplatz benutzt werden. Die Soldaten suchen sich Quartiere, die Trossfahrer organisieren Heu für die Pferde, die Flüchtlinge suchen den Windschatten der Scheunen und kochen im Freien ihr karges Mahl.

Emmes und Willi haben bei einem polnischen

248

Arbeiter Quartier gemacht. Es sind freundliche Leute; drei Kinder im Alter von zwei bis sechs Jahren schauen die Soldaten mit großen, ängstlichen Augen an.

„Wir haben nichts, was wir euch geben könnten", sagt die verhärmt aussehende Frau zu Emmes. „Aber schlafen könnt ihr bei uns … in der Kammer nebenan."

Emmes packt den Rucksack aus, holt erst den toten Hasen heraus, dann eines der harten Dauerbrote.

„Hier, nehmt das", sagt er zu der Frau und legt ihr das Brot hin. „Richtet uns dafür den Hasen her. Für uns alle", sagt er lachend.

Der Pole freut sich und beginnt sogleich, dem Hasen das Fell abzuziehen. Die Kinder stehen neugierig daneben, und die Frau schürt den Ofen, um ein anständiges Feuer zu entfachen, auf dem der Hasenbraten schmoren soll.

„Es wird eine Weile dauern", meint die Frau. „Ihr könnt euch ja inzwischen hinlegen und ein bisschen schlafen. Ich wecke euch, wenn das Essen fertig ist."

In der Kammer stehen zwei schmale Betten. Emmerich und Willi ziehen sich nur die Stiefel aus und legen sich hin.

„Du", sagt Willi, „ich freu mich ganz närrisch auf den Hasenbraten. Es ist schon 'ne Ewigkeit her, dass ich Hasenbraten gegessen hab."

„Bei mir auch", erwidert Emmes, sich streckend. „Das letzte Mal war's bei mir daheim. Meine Mutter züchtet Karnickel. Einmal hatten wir sogar zweiundvierzig Stück. Jeden Sonntag gab es Hasenbraten."

Sie unterhalten sich noch eine Weile, dann schlafen sie ein. In der Küche brutzelt der Hase in der Pfanne. Die drei verhungert aussehenden Kinder essen das harte Brot und trinken Milchkaffee.

Plötzlich kracht es einige Male. Die Artillerie am Ortsrand feuert ein paar Lagen ab. Nach etwa vierundzwanzig Schuss kommt der Befehl zum Stellungswechsel. Eine Viertelstunde später ist das letzte Geschütz verschwunden.

Die Trossfahrzeuge beeilen sich in gleicher Weise, aus dem Ort zu kommen, denn zwei Kilometer hinter Krotoschin knattern Maschinengewehre. Ein kompaniestarker Sicherheitstrupp feuert auf die ersten, sich langsam heranschiebenden Sowjetpanzer, auf denen Infanterie mitfährt.

Die Russen springen von den Panzern und schwärmen links und rechts der Straße aus, langsam auf Krotoschin vorgehend. Die Panzer jedoch bleiben auf der Straße. Schon knallt das Geschütz des ersten Panzers auf die erkannte MG-Stellung. Noch ein paar Schüsse, dann sieht man die deutsche Verteidigung erst einzeln, dann trüppchenweise zurückgehen.

Aus dem Hasenbraten wird nichts. Emmes und Willi werden ziemlich unsanft aus dem Schlaf geweckt. Es bleibt ihnen gerade noch so viel Zeit, in die Stiefel zu sausen, den Rucksack überzuwerfen und den Gastgebern rasch die Hand zu drücken.

Die letzten Deutschen hasten aus dem Ort. Emmes und Willi laufen eine Zeit lang in einem Haufen Soldaten mit. Ein blatternarbiger Unteroffizier ist plötzlich aufgetaucht und gibt sich redliche Mühe, den Knäuel zu ordnen.

„Los", schreit er heiser, „dort drüben gehen wir in Stellung. Die beiden MG am Waldrand in Stellung bringen! Macht schon, ihr lahmen Enten!"

„Von wegen lahme Enten", mault ein bärtiger Obergefreiter. „Halt mal schön die Klappe, sonst sause ich aus der Haut."

Der Unteroffizier wird krebsrot.

„Mann, Sie haben wohl 'n Knall? Wie heißen Sie? Zeigen Sie mir sofort Ihr Soldbuch."

Der Obergefreite grinst. „Denken Sie bloß, das hab ich verloren, Herr Unteroffizier … weg ist es …" Er tut so, als suche er das Soldbuch.

Die Soldaten feixen. Der Haufen geht weiter, ohne sich um den Unteroffizier zu kümmern.

Es ist Hopfen und Malz verloren. Kein Mensch denkt mehr daran, irgendwo in Stellung zu gehen. Im Trab laufen die Soldaten den Trossfahrzeugen nach. Schließlich ist auch der Unteroffizier verschwunden.

In Krotoschin krachen Panzerkanonen. Ein Haus brennt. Der Rauch kocht zum Abendhimmel empor. Die Sowjets besetzen die Ortschaft und durchsuchen die Häuser nach „Fritzen". Aber es sind keine mehr da.

Wer will schon in Gefangenschaft? Wer denkt noch daran, auch nur einen Schuss abzufeuern? Keiner.

Emmes und Willi haben sich vom Gros der Flüchtenden gelöst und schlagen Richtung querbeet ein. Es taugt den beiden nicht, im kunterbunten Haufen der zurückflutenden Kameraden zu laufen. Sie setzen ihren Weg allein fort.

Als sie eine Waldschonung überqueren wollen, sehen sie Hunderte von Fasanen auf der Lichtung.

„Mensch, so viele Fasane hab ich mein Lebtag noch nicht gesehen", staunt Willi. „Die Viecher schmecken prima. Komm, wir ballern ein bisschen, Emmes."

„Mach keinen Blödsinn", sagt Emmes. „Lass die Viecher laufen. Sie sind auch froh, dass sie leben."

Die Fasane beeilen sich nicht sehr, vor den Gestalten zu flüchten. Nach und nach verschwinden sie im niedrigen Holz. Noch ein paar hohl tönende Tierlaute, dann wird es still. Nur aus Richtung Krotoschin krachen Schüsse, knattert ein russisches MG im trägen Rhythmus.

12

Es dunkelt schon, als Emmes und Willi aus dem Waldstück heraustreten und wie angewurzelt stehen bleiben. Vor ihnen liegt ein winziges Dorf. Am Dorfrand sind eine Menge Lkw aufgefahren. Man kann nicht mehr unterscheiden, ob es deutsche oder feindliche sind.

Misstrauisch nähern sie sich den Fahrzeugen.

„Das sind sicher deutsche Lastwagen", sagt Willi. „Der Russe kann ja noch nicht so weit sein …"

In der nächsten Minute werden sie eines anderen belehrt. Als sie dem Dorfrand auf etwa hundert Meter nahe gekommen sind, die Fahrzeuge im Auge behaltend, prasselt eine MP.

„Stoj!", schreit der Schütze und steht als breitbeinige Silhouette vor dem verlöschenden Himmel. „Stoj!"

Blitzschnell werfen Emmes und Willi sich zu Boden. Jetzt ertönen mehrere Rufe. Sie bedeuten, dass sich die als Deutsche erkannten Gestalten ergeben sollen. Schon kommen drei … vier … ein halbes Dutzend Russen auf die im Schnee liegenden Soldaten zu.

„Jetzt ist der Bart ab", sagt Willi. „Jetzt ist Sense. Jetzt haben sie uns, Emmes. Machen wir das Kreuz."

„An Dreck", gurgelt Emmes und springt auf. „Lebend kriegen die mich net!"

Er rennt geduckt zum Wald zurück. Auch Willi ist nicht gesonnen, sich in der letzten Minute noch gefangen nehmen zu lassen, und hastet Emmes hinterher.

Trrrr . . . trrrrrrr … puiiiiii … sssssssst …. huiiii.

Wie böse Hornissen zischen die Garben mehrerer MP um die Köpfe der Flüchtenden. Jetzt peitschen auch Gewehrschüsse. Der Schnee stiebt links und rechts von ihnen auf. Querschläger winseln davon.

Unendlich weitab scheint der rettende Wald zu sein, unerreichbar! Der lockere Schnee klebt wie Blei an den Füßen. Die Lungen keuchen mit letzter Kraft.

Willi hat den Karabiner weggeworfen. Jetzt zerrt er an der dicken Tarnjacke, die das Laufen erschwert. Auch Emmes will das Kleidungsstück abwerfen.

Die Russen bleiben diesmal nicht dort, wo man sie angetroffen hat – sie verfolgen die beiden Soldaten. Es scheint ihnen Spaß zu machen. Schreiend, schießend hetzen sie den fliehenden Gestalten nach.

Plötzlich bleibt Emmes stehen und greift sich an den linken Oberarm.

„Mich hat's, Willi", keucht er. Dann rennt er weiter. Der Waldrand ist nur noch fünfzig Meter weit. Trrrrrr … trrrrrr … prasselt es hinter ihnen, und die Garben zischen dicht über ihre Köpfe hinweg, fetzen in die ersten Büsche am Waldrand.

Da wirft sich Willi hin. Auch Emmes sinkt in den

254

Schnee. Sie sind nicht tot. Vorsichtig schauen sie sich um. Die Russen, in der Meinung, die beiden Soldaten abgeknallt zu haben, sind stehen geblieben und unterhalten sich. Dann dreht sich der Erste um, dann die anderen. Sie gehen zum Dorf zurück.

Die Schicksalsstunde der beiden Obergefreiten hat noch immer nicht geschlagen. Sie sind noch einmal davongekommen. Zum letzten Male vielleicht. Es ist, als hielte ein gütiges Geschick die Hand über sie.

Kriechend, mit letzter Kraft, rollen sie sich zwischen die rettenden Stämme. Hier bleiben sie eine Weile keuchend liegen. Funken sprühen ihnen vor den Augen, rote Räder kreisen wie verrückt.

„Wo … wo hat es dich erwischt?", fragt Willi, nach Luft ringend.

„Am linken … Oberarm", schnauft Emmes.

Am Ortsrand klirren jetzt Panzerketten. Ein schwerer Motor brüllt auf.

„Du, die kommen hierher", stammelt Willi. „Auf … weg … bloß weg von hier!"

Noch einmal springen sie auf und rennen tief in den Wald hinein. Erst als es still wird und nur das Keuchen ihrer erschöpften Lungen zu hören ist, halten sie inne und sinken in den Schnee.

Emmes' linker Rockärmel ist von Kugeln durchlöchert. Blut sickert über das Tuch in den Schnee. Wortlos zieht er die Tarnjacke aus, die Uniform. Dann sieht er das Malheur: Der Oberarm ist zwei Mal durchschossen. Wahrscheinlich hat es auch den Knochen erwischt. Er kann den Arm kaum bewegen.

255

Willi holt Verbandspäckchen hervor und reißt sie nacheinander auf.

„Schmerzen?", fragt er.

„Es geht."

„Blöd ist das schon", sagt Willi, als er Emmes' Arm verbindet. „So lange ist es gut gegangen, und jetzt hat es dich doch erwischt."

„Es hätt schlimmer ausgehn können, Spezl."

Schweigend verbindet der Freund den Freund.

„A Zigarettl müsst man jetzt haben", seufzt Emmes, als er von Willi die Uniform und die Tarnjacke über die Schultern gehängt bekommt; den linken Arm trägt er in einer Schlinge.

„Ein Arzt wäre wichtiger", sagt Willi. „Lange kannst du so nicht mehr rumrennen. Du musst in ein Lazarett."

„Erster Klasse, wenn's geht", grinst Emmes. „Bittschön pfeif mal a Taxe her."

Willi kann nicht lachen. Ihm ist ziemlich seltsam ums Herz. Er legt den Arm um den Freund und sagt:

„Wirst du noch gehen können, Emmes?"

„Na klar. Oder denkst du, ich bleibe hier sitzen und warte, bis der Iwan mich aufsammelt?"

„Wir werden schon durchkommen, bestimmt."

„Eben." Emmes steht auf und rückt sich die Schulterumhänge zurecht. „Also dann – geh'n ma, Euer Gnaden!"

Es ist dunkel geworden zwischen den Bäumen. Blickt man zu den Baumkronen hinauf, sieht man den Sternenhimmel.

Stundenlang marschieren sie durch den Wald.

Sobald freies Feld auftaucht und Häuser zu sehen sind, schlagen sie einen Bogen. Sie meiden jede menschliche Behausung, jedes auftauchende Dorf. Manchmal hören sie Motorenlärm und fernes Rufen. Sie wissen, dass es nicht die Deutschen sind, die sich so ungeniert laut verhalten; es sind die Sowjets. Sie sind überall. Ganz Polen gehört ihnen schon.

Emmes hält sich gut. Wenn Willi ihn fragt, ob es noch ginge, antwortet er jedes Mal mit einem verkrampften: „Na klar, bestens."

Er sagt nicht, dass er Schmerzen hat und dass der Arm wie Feuer brennt und der Schmerz langsam unerträglich wird. Nur weiter, nur nicht stehen bleiben oder gar sich hinsetzen! Immer weitergehen, bis man aus dieser Hölle heraus ist. Irgendwo muss sie doch aufhören, zu Ende sein – irgendwo müssen die Deutschen doch Halt machen und sich zum Abwehrkampf stellen. Oder wollen sie den Feind ungehindert bis Berlin fahren lassen?

Sie sind die ganze Nacht hindurch marschiert. Willi trägt den Rucksack. Manchmal greift er hinein und holt ein Stück Brot hervor. Sie kauen es im Gehen.

Gegen Morgen erreichen sie eine kleine Ortschaft. Es ist noch Dämmerung, als sie auf die ersten Häuser zuschleichen.

„Warte hier", sagt Willi zu Emmes. „Ich schau nach, ob die Luft rein ist."

Emmes nickt nur. „Bleib net zu lange weg", sagt er matt und lässt sich in den Schnee sinken.

„Wenn was schief gehen sollte", sagt Willi,

schon im Weggehen begriffen, „dann wetz alleine los, verstanden!"

Dann geht er auf das erste Haus zu; es ist ein kleiner Hof. Man könnte in der Scheune schlafen. Vielleicht könnte man auch etwas Warmes zu essen kriegen. So denkt Willi, als er die Haustür erreicht. Sie ist offen. Er geht hinein und öffnet eine zweite Tür.

Da zuckt er erschrocken zurück. In der niedrigen Stube wimmelt es von Menschen: Soldaten. Deutsche Soldaten. Aber sie haben asiatische Gesichter, sie sind groß und sehr schlank, sie tragen durchwegs neue Uniformen.

In Willi überschlagen sich die Gedanken: Sind es Wlassow-Soldaten? Oder Russen, die in deutschen Uniformen kundschaften? Da tritt ein baumlanger Feldwebel auf Willi zu und schaut ihn aus schwarzen Schlitzaugen scharf an.

„Werr bist du? Wo chommst du cherrr?"

Willi steht noch immer auf der Türschwelle. Die Gesellschaft der asiatisch ausschauenden Soldaten in deutschen Uniformen ist ihm im höchsten Grade unheimlich; am liebsten möchte er auf dem Absatz kehrtmachen und davonlaufen.

Stattdessen aber kracht er die Hacken sehr dienstlich zusammen und meldet wie auf dem Kasernenhof:

„Obergefreiter Röttger mit einem Kameraden von der Truppe versprengt. Mein Kamerad ist verwundet; er wartet draußen."

„Verwundet?"

„Jawohl, Herr Feldwebel", schnarrt Willi. Er

hält diesen Ton für richtig. Denn wenn diese Kerle Russen sind, wenn sie merken, dass er misstrauisch ist, dann passiert etwas. Willi spürt das, spürt aber auch, dass es ihm heiß unter der Jacke wird und ihm der Schweiß ausbricht.

„Ihr seid allein?", fragt der schlitzäugige Feldwebel, Wlassow-Dienstgrad oder russischer Kundschafter.

„Jawohl, Herr Feldwebel."

Wieder ein scharfer Blick. Die anderen Kerle schweigen und schauen Willi mit lauernden Augen an.

„Haben Sie nicht ein bisschen Verbandszeug … oder was zum Futtern?", fragt Willi und grinst beflissen.

Jetzt verzieht auch der Asiate sein Gesicht und grinst, dreht sich um und sagt etwas in kehligem Russisch oder sonst einem Dialekt.

Einer bringt daraufhin zwei Konservenbüchsen mit Rindfleisch und vier Verbandspäckchen.

„Choppp …!", ruft er und wirft Willi die Sachen zu.

Willi fängt sie auf. Eine Konservenbüchse fällt zu Boden. Als er sie aufhebt, liest er die eingestanzte Beschriftung der Konserve.

Hat sich Willi getäuscht? Sind es etwa doch Wlassow-Soldaten? Willi bedankt sich, kracht noch einmal die Hacken zusammen und geht.

Der baumlange Feldwebel folgt ihm.

„Wo ist Kamerrrad?", fragt er draußen.

„Er wartet dort drüben", sagt Willi.

„Alles Gute", sagt der Asiate und klopft Willi auf die Schulter. „Geht nicht auf Strassse ... dort ist Russe."

„Schönen Dank auch, Herr Feldwebel."

„Karoscho", lacht der Feldwebel und verschwindet im Haus.

Willi hat es jetzt sehr eilig, aus dem Dorf zu kommen. Emmes sitzt noch immer im Schnee, als der Freund angeschnauft kommt und sich neben ihm hinsetzt.

„Mensch, Emmes – das war vielleicht 'n Ding, sag ich dir ..." Willi berichtet rasch von seinem Erlebnis. „Es können Wlassow-Soldaten gewesen sein", schließt er. „Aber ich glaub's nicht, Emmes. Sie hatten nagelneue Klamotten an. Das war vielleicht 'ne Gesellschaft. Ich bin heilfroh, rausgekommen zu sein."

Auch Emmes ist der Meinung, dass Willi mit einem in deutschen Uniformen steckenden russischen Erkundungstrupp zusammengetroffen ist.

„Nu aber nischt wie weg", sagt Willi.

Emmes erhebt sich. Der zerschossene Arm schmerzt und liegt wie ein Bleiklumpen in der Schlinge.

„Kannste noch laufen?"

„Aber ja", knurrt Emmes und stolpert voran. „Frag net so damisch. Ein Steiermärker hält viel aus, ehe er hin ist."

Sie meiden die Straße und marschieren an Wald- und Feldrändern entlang. Der Schnee ist pappig und klebt schwer an den Füßen.

260

Es ist Vollmond. Die Landschaft ist mit bleichem Licht übergossen; man sieht weit und hört auch alles. Irgendwo weit drüben schnurrt ein Motor. Dann wird es still, bis fern ein MG rattert und verstummt. In nördlicher Richtung steigt eine Leuchtrakete auf und verlöscht allmählich.

„Du musst so schnell wie möglich in die Reparaturwerkstatt, Emmes", sagt Willi und hakt den Freund unter. Der geht immer langsamer, schnauft wie ein Ross, das einen schweren Karren zieht.

„Ja", sagt er, „a Lazarett müssen wir finden."

„Verbandsplatz genügt auch."

Emmes bleibt stehen und atmet tief. „Sakra, jetzt halt ich's aber bald nimmer länger aus! Der saublöde Arm …"

„Na komm schon, Emmes", bittet Willi, „stütz dich auf mich. Irgendwo müssen wir doch bald auf die Unseren stoßen."

„Dann müssen wir aus dem verdammten Wald 'raus, Emmes. Wir müssen auf der Straße weitergehen."

„Jetzt ist mir alles Wurscht", sagt Emmes. „Dann also auf die Straße rüber!"

Eine halbe Stunde lang marschieren sie auf der Straße. Sie führt jetzt durch einen kleinen Wald, und als die beiden auf der anderen Waldseite herauskommen, sehen sie ein paar Häuser links und rechts der Straße liegen.

Es ist immer wieder dasselbe Angstgefühl, das sie überfällt, wenn sie plötzlich ein Dorf, ein paar Häuser sehen. Willi geht voran. Hinterher schlurft

Emmerich Sailer. Im Stillen zählt er die Schritte, um sich von den Schmerzen abzulenken.

Da bleibt Willi so jäh stehen, dass Emmes auf ihn aufprallt. Im gleichen Augenblick ertönt auch schon ein scharfer Ruf von vorn:

„Halt! Stehen bleiben! Hände hoch!"

Willi hebt die Arme hoch über den Kopf und schreit:

„Macht keinen Blödsinn, Kameraden! Hier sind Deutsche. Zwei Mann! Einer ist verwundet! Schießt bloß nicht!"

Schweigen.

Links und rechts der Straße tauchen schmutzig weiße Gestalten auf und kommen näher. Es sind deutsche Soldaten. Sie sichern das Dorf ab und haben zu beiden Seiten der heranführenden Straße Stellungen in den Schnee gegraben.

Ein Unteroffizier tritt heran und schaut den beiden Soldaten ins Gesicht. „Wo kommt ihr denn her?", fragt er.

„Vom Russen", sagt Willi.

„Mensch, da habt ihr aber Schwein gehabt. Und was ist mit dir?", fragt der Unteroffizier Emmes.

„Hab eins abgekriegt", murmelt Emmes. „Ist irgendwo ein Sani?"

„Los, komm mit", sagt der Unteroffizier und führt die beiden ins Dorf.

Der Gefechtsstand der Sicherungskompanie ist in einem Haus untergebracht. Ein Oberleutnant führt das Kommando. Er fragt die Ankömmlinge

262

gleich an Ort und Stelle aus, lässt sich von Willis Erlebnis berichten und fragt dann nervös:

„Wo haben Sie die Wlassowleute getroffen? Können Sie mir das auf der Karte zeigen?"

Willi bezeichnet den Kartenpunkt, während Emmes von einem Sanitäter verbunden wird.

„Das ist ein Heimatschuss", sagt der schnauzbärtige Samariter. „Schau bloß zu, dass du bald ins Lazarett kommst."

„Wo ist das Nächste?"

„Breslau."

Emmes hockt auf einem wackeligen Stuhl und nickt stupide. Breslau. Wer weiß, ob man dort noch ein Lazarett findet.

Inzwischen ist die Lagebesprechung am Tisch beendet. Der Oberleutnant lässt sogleich die Wachen verstärken. Dann wendet er sich an die beiden erschöpften Soldaten, tauscht mit ihnen ein paar freundliche Worte, lässt sich vom Sanitäter den Zustand von Emmes berichten und sagt schließlich:

„Hier könnt ihr nicht bleiben. Seht zu, dass ihr bis Gostingen weiterkommt. Vielleicht nimmt euch ein Lkw mit."

Sie stolpern wieder in die Nacht hinaus.

„Wir müssen weiter", sagt Willi. „Wenn wir uns hier irgendwo hinhauen, haben wir in ein paar Stunden den Iwan am Hals."

„Ja", murmelt Emmes, „gehen wir. Vielleicht nimmt uns ein Wagen mit."

Im Dorf stehen drei Lastwagen. Sie gehören der

Sicherungskompanie und warten auf das Signal zum Rückzug. Die Fahrer schlafen.

Willi geht nun von Wagen zu Wagen und fragt: „Könnt ihr uns mitnehmen?"

„Nee", lautet die Antwort. „Wenn die Kompanie kommt, ist jeder Platz besetzt."

„Können wir bei dir aufsteigen, Kamerad?"

„Du hast wohl 'n kleen Mann im Ohr?" grunzt der nächste Fahrer. „Ich bin keen Omnibus."

„Ein Arschloch bist du!", schreit Willi erbost und knallt dem Grobian die Tür zu.

Keiner der drei Fahrer gestattet, dass die beiden aufsitzen und mit auf den Abmarsch warten. Angeblich ist jeder Platz besetzt, und außerdem bestehe der strikte Befehl, keine kompaniefremden Soldaten mitzunehmen.

„Auch die Kameradschaft ist beim Teufel", murrt Willi, als sie das Dorf verlassen und als neue Richtung dem Kartenpunkt „Gostingen" entgegenmarschieren.

Der „wandernde Kessel" ist an dieser Stelle sehr schmal geworden. Die Straße ist der Rückzugsweg der letzten deutschen Truppenreste. Hier drängt und schiebt sich nun alles zusammen, was aus Richtung Warschau noch durchgekommen ist. Die Nord- und Südflanke dieser letzten Rückzugsstraße werden von schwachen Einheiten abgesichert. Es sind auch noch ein paar Sturmgeschütze da, die den Gegner kurzfristig zu binden versuchen und sehr geschickt Kampfstärke vortäuschen.

Nachts gelingt dies meistens. Die Sowjets kämp-

264

fen jetzt nicht mehr nachts, sie warten lieber den Tag ab, und dann erkennen sie sehr bald, wie schwach der Gegner geworden ist und dass es sich nur um vier … fünf … oder sechs Sturmgeschütze oder Panzer handelt.

Nachts marschieren die Deutschen zurück, alles, was noch laufen oder fahren kann. Es ist keine Ordnung mehr, es gibt keine Befehle mehr.

In Gostingen, wo Emmes und Willi nach einem elf Kilometer langen Marsch völlig fix und fertig ankommen, ist jedes Haus, jeder Scheunenwinkel mit Soldaten belegt. Auf dem Marktplatz wimmelt es von Fahrzeugen aller Art. Schwere Zugmaschinen zerquetschen rücksichtslos Panjefahrzeuge und rempeln Lkw an.

Nirgendwo wird so wild und ungezügelt geflucht wie in Gostingen, nirgendwo haben Emmes und Willi ein heilloseres Durcheinander vorgefunden als in diesem Ort.

An einer Feldküche findet eine wüste Schlägerei statt. Der Koch hat den ausgehungerten Soldaten nichts zu essen geben wollen, weil er seine Kompanie erwartet, die irgendwo den Ort absichert. Grün und blau geschlagen sucht der Küchenbulle das Weite. Dann beginnt ein wildes Ringen um einen Schlag Nudelsuppe.

Auch Willi beteiligt sich erfolgreich daran, während Emmes auf einem zusammengebrochenen Wagen sitzt und vor Wundschmerzen nur noch rote Nebel und tanzende Sterne vor den Augen sieht.

Als Willi mit einem zerbeulten Kochgeschirr voll Nudelsuppe herankommt, rutscht Emmes wie ein leerer Sack vom Wagen und plumpst auf die Straße.

„Mensch, Emmes …", stottert Willi, den Freund im Arm haltend. „Nu mach mal keine Witze, mein Junge … Wach auf! Nudelsuppe! … Schau her … Nudelsuppe hab ich ergattert!"

Er hält Emmes den dampfenden Fraß unter die Nase. Und da wird Emmes wieder lebendig. Willi füttert ihn wie ein Kind. Sie teilen redlich, wie sie es schon immer getan haben. Willi einen Löffel, Emmes einen Löffel, und nur zu schnell ist das Kochgeschirr leer.

„Ich werd bald verrückt vor Schmerzen", gesteht Emmes, als sie gegessen haben. „Ich kann nimmer, Spezl. Geh allein weiter."

„Du schaffst es, Emmes! Du schaffst es ganz bestimmt. Bis Jarotschin müssen wir noch."

Emmes schüttelt den Kopf. Er hört alles wie aus weiter Ferne. „Lass mich da, Willi."

„Kommt nicht in Frage. Ich such dir jetzt einen Lkw, Emmes. Bleib hier sitzen."

„Es ist doch alles zwecklos", murmelt Emmes und lässt das Kinn auf die Brust sinken.

Willi steht einen Augenblick mit hängenden Armen da. Alles, was er mit Emmes erlebt hat, zieht noch einmal vor seinen Augen vorbei. Ein wildbewegtes Soldatendasein. Viel Not und Tod, wenig Freude. Wo sind sie alle, mit denen man gekämpft hat? Hier hockt der Letzte. Auch er ist fertig. Restlos. An Leib und Seele.

266

Da geht Willi auf die Straße zurück, wo die Motoren brummen und die Soldaten fluchen, wo Panjegäule trappeln und das Elend wie ein langer Wurm die Straße entlang zieht.

Ein Sanka holpert heran und hält. Der Fahrer reißt die Türe auf und springt heraus, geht zum Heck und beginnt schrecklich zu fluchen.

Platter! Der hintere Reifen ist kaputt. Und drinnen im Sanka wimmern Verwundete. Einer schreit: „Ich will raus! Ich will raus! Macht Licht, ich will raus!"

Am Volant sitzt noch jemand. Auch er steigt aus. Es ist ein Unterarzt.

„Kommen Sie, Lange", sagt er zu dem fluchenden Fahrer, „ich helfe Ihnen. Montieren Sie den Reservereifen auf, holen Sie den Wagenheber aus dem Kasten."

Da kommt Willi heran und zieht die zerfetzte Jacke aus. „Wartet", sagt er, „ich helfe euch. Ich bin vom Fach."

„Nu gick mal eener an", freut sich der Fahrer. „'n Engel in der Nacht! – Los, spuck in die Flossen, Kollege!"

Es geht alles ruckzuck. Willi weiß, wie man einen Reifen ummontiert. Als das Ersatzrad angeschraubt ist, fragt Willi den Arzt:

„Können Sie noch einen Verwundeten mitnehmen, Herr …" Er verschluckt den Dienstgrad, da er ihn nicht erkennt.

„Sind Sie verwundet?", fragt der Arzt.

„Nee, ich nicht", sagt Willi, „aber dort drüben liegt ein Kamerad von mir. Mein bester, Herr …

Wir sind zweihundert Kilometer kreuz und quer durch die Polakei gewetzt und an die fuffzig Mal mit Müh und Not am Heldentod vorbeigekommen. Jetzt hat's den Emmes erwischt. Nehmen Sie ihn mit, Herr ... ein Stück wenigstens ... er kann nicht mehr."

Der Arzt zögert. Im Sanka wimmert das Elend. Jemand hämmert mit der Faust gegen die Bordwand, und eine dumpfe Stimme schreit:

„Herrgott, wann geht's denn endlich weiter? Fahrt doch schon, ihr Säcke!"

Willi wartet auf Antwort. Der Fahrer wirft den Wagenheber und den Schraubschlüssel in den Werkzeugkasten, klirrt den Deckel zu und kommt heran.

„Lange", sagt der Arzt, „können wir noch einen Mann mitnehmen?"

Der Fahrer stößt den Atem durch die Nase.

„Den da?", fragt er, auf Willi zeigend.

„Nein", sagt Willi, „einen Kameraden von mir. Er ist schwer verwundet."

„Na los, holen wir ihn schon", sagt der Arzt.

Emmerich Sailer liegt auf dem Boden. Wie schlafend. Als man ihn aufhebt, lallt er etwas.

Willi hilft beim Tragen.

„Vorn 'rein, Herr Unterarzt", sagt der Fahrer. „Wir nehmen ihn in die Mitte."

Emmes ist besinnungslos, als man ihn ins Volant des Sankas setzt. Willi hat nicht einmal die Zeit, sich von Emmes zu verabschieden. Arzt und Fahrer steigen ein.

268

Der Motor heult auf.

„Mach's gut!", schreit der Fahrer aus dem Fenster. „Und schönen Dank für die Hilfe!"

Willi nickt nur. Ihm steckt etwas in der Kehle, was er krampfhaft wegschlucken will, aber es gelingt nicht. Und dann brennt es auf einmal ganz verdächtig in den Augen und kollert feucht und warm über die Wangen in den Stoppelbart. Willi leckt daran. Es schmeckt salzig. Tränen schmecken immer salzig.

„Servus, Emmes …", murmelt er, und dann geht er mit hängenden Armen zu dem zerbrochenen Wagen. Dort setzt er sich auf die schräg zum Himmel zeigende Deichsel und denkt nach. Er wird ins Lazarett kommen, denkt der Obergefreite Willi Röttger. Er wird seine Mutter wieder sehen … seine Berge … Er war ein guter Kamerad, der Emmes … ein sehr guter.

Er marschiert nicht mehr, er schleppt sich dahin. Langsam, ohne Eile. Die Welt ist plötzlich ganz anders geworden: so leer, so inhaltslos. Was ringsum trubelt, flucht und voranhastet, sind keine Soldaten mehr, sondern ein auseinander gefallener Haufen Menschen.

Willi Röttger meidet diesen Haufen. Er hasst ihn sogar. So etwas hat man einmal „Kameraden" genannt! – Doch nein! Da sind auch noch andere. Auch sie schleppen sich dahin, auf Stöcke gestützt, humpelnd, mit durchgelaufenen Stiefeln, mit Sohlen, die von Bindfäden am Fuß gehalten werden.

Und dort drüben, dort geht ein junger Leutnant mit dem Gesicht eines alten, enttäuschten Mannes. Ein Hündchen läuft hinter ihm her, ein Hinterbein angezogen, auf drei Beinen hinkend: emsig, hastig, mit hechelnder Zunge. Ein unschöner Hund, ein armer Hund. Er bleibt seinem Herrn auf den Fersen.

Es fahren auch andere vorüber. Hohe Offiziere. Sie schauen vor sich hin, als schämten sie sich. Vielleicht schämen sie sich wirklich. Vielleicht sind sie aber auch nur eingeschlafen. Vor Ermüdung. Vom vielen Nachdenken, wie man den Krieg noch gewinnen könnte.

Willi ist noch immer gut bei Fuß. Aus den Wasserblasen sind Hornhäute geworden. Der Mensch hält ja viel aus. Er hält alles aus. Auch einen verlorenen Krieg.

Lissa.

Auf irgendeiner Straße wird Brot an die Soldaten verteilt. Viel Brot. Jeder bekommt zwei Brote. Manch einer frisst sie in kurzer Zeit auf. An allen Ecken stehen abgerissene Soldaten und zerreißen das Brot mit den Händen oder schneiden es mit dem Taschenmesser in Scheiben.

„Wo ist hier das Lazarett?", fragt Willi einen Sanitäter.

Das Lazarett liegt in einem parkähnlichen Garten. Sankas und Lastwagen stehen vor der Auffahrt. Ärzte und Rot-Kreuz-Schwestern sind beim Packen und Verladen. Bahren werden aus dem Portal getragen. Genesende und Kranke mit gelben Gesichtern stehen auf Krücken gestützt he-

270

rum und schauen mit ängstlichen Augen den Vor-
bereitungen zum Abmarsch – oder wie es in der
Fachsprache heißt: dem „Verlegen" – zu. Werde
auch ich mitkommen? denken sie alle.

Emmerich Sailer ist nicht da. Keiner kennt ihn.
Keiner hat ihn gesehen.

„Vielleicht haben sie ihn nach Liegnitz gebracht, Kumpel."

Willi Röttger irrt weiter. Keine Kompanie mehr,
keine Kameraden. Was hier herumläuft, sind keine
Soldaten mehr, sind Schafe, die von ein paar Offi-
zieren zusammengetrieben werden.

„Los, in Marschformation antreten, Leute! Ihr
könnt doch nicht wie eine Hammelherde durch die
Stadt laufen! – Los, macht schon! In Linie zu drei
Gliedern antreten, hab ich gesagt!"

Willi schätzt die „Marschformation" auf vierhundert Mann. Aber weiter hinten kommen noch
zwei, noch drei Mal so viele. Ohne Gleichschritt,
nur lose geordnet. Ohne Waffen.

Irgendwer hat hier noch etwas zu sagen. Er hat
ein paar Feldküchen in einen großen Fabrikhof gestellt und abkochen lassen.

Es gibt warmes Essen. Hernach kann man in einer Fabrikhalle auf Stroh schlafen.

Willi schläft tief und fest. Er träumt. Sie rennen
wieder über ein weißes Feld, und hinterher reiten
viele Kosaken.

„Russen! Russen sind hinter uns, Emmes! …
Los, weiter … weiter! … Hilfe … Mutter … Hilfe!"

„He, du spinnst wohl!"

Willi wird grob wachgerüttelt und schaut sich um. Eine Karbidlampe brennt in dem großen, unheimlich hohen und leeren Raum. An den Mauern entlang liegen Gestalten. So, als habe man sie reihenweise mit dem MG umgelegt.

„Na, schlaf man weiter", sagt Willis Nebenmann. „Bist auch mit den Nerven fertig, was?"

„Nicht ganz", murmelt Willi. „Ich hab nur was Blödes geträumt."

Dann schläft er wieder ein.

Draußen ertönen Rufe. Die Küchenbullen schüren die Kochkessel, um Muckefuck zu kochen. Ein Lkw fährt in den Hof und lädt Kommissbrote ab.

Vor dem großen Tor patrouillieren zwei Posten.

„Meinste, dass wir den Krieg noch jewinn', Justav?", fragt der eine.

„Wenn wir erst die neuen Wunderwaffen kriegen", sagt der andere, „dann jagen wir alle wieder zum Teibl, Emil."

„Und du gloobst det Märch'n vom Herrn Meier?"

„Nee, das nich, Emil, aber ich hör et gerne."

„Dann horch doch mal, Justav. Sind dat Märchen, wat du da hörst?"

Der andere horcht.

„Das sind ganz dicke Brummer", sagt er dann.

In der Ferne dröhnen Abschüsse. Russische Granaten fliegen über die Oder und reißen tiefe Löcher in deutsche Erde. Der Krieg brüllt sich heran und reißt sein Maul weit auf, denn er ist hungrig und nicht zu sättigen.